改訂版

新潟のやきもの

佐藤和正

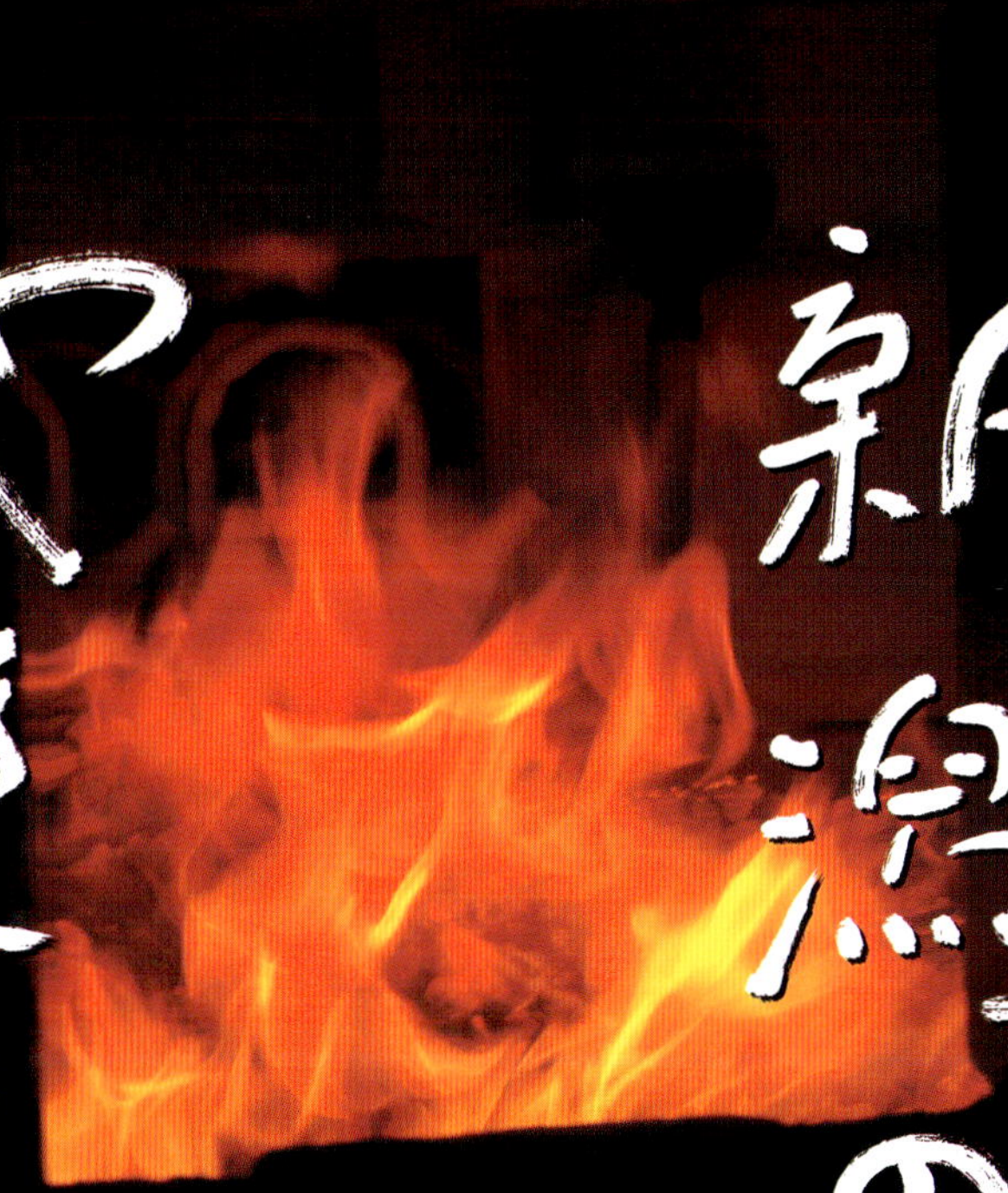

改訂版

新潟のやきもの　もくじ

工房見学の際は、事前に電話などで連絡の上、お出かけください。

改訂版

新潟のやきもの

高橋 喬士

羊工房《ひつじこうぼう》

江戸時代に創業された京都の老舗旅館「俵屋」に出入りする職人たちの生き様を描いた『俵屋の不思議』（村松友視著）を読むと、数寄屋を造る大工や土壁塗り左官、畳、表具職人たちがしっかりと日本の伝統文化を支えている細やかな息遣いが伝わってきて、そのすごさにハマってしまう。職人の条件を備えた職人、これが重要なのだが、脇役としての彼らの見事な仕事ぶりで俵屋が一流としての主役を張れることが分かる。

やきものの世界でいえば、日常手にする雑器に惹《ひ》かれて手を抜かず愛着をもって作り続ける人たちの職人気質を指す。以前、高橋喬士さんは新聞に「職人魂で日用雑器作り」と書かれたことがあった。奥三面の鷲ケ巣山の麓《ふもと》で生まれ、加茂暁星高校卒業後、東京で新聞配達、京都でサラリーマン生活を続けた。たまたま陶芸教室に通っていた友達に付いて行って病みつきになったという。

さっそく滋賀・信楽《しがらき》の丸十製陶に住み込みで入った。機械轆轤《ろくろ》を使って、花瓶や茶碗《わん》を大量に作っていた。「轆轤師、絵師、窯の出し入れや釉薬《ゆうやく》掛けなどをする裏師が部門別にきちっとなっていて、そのパーツ一筋の人の技がすごい。

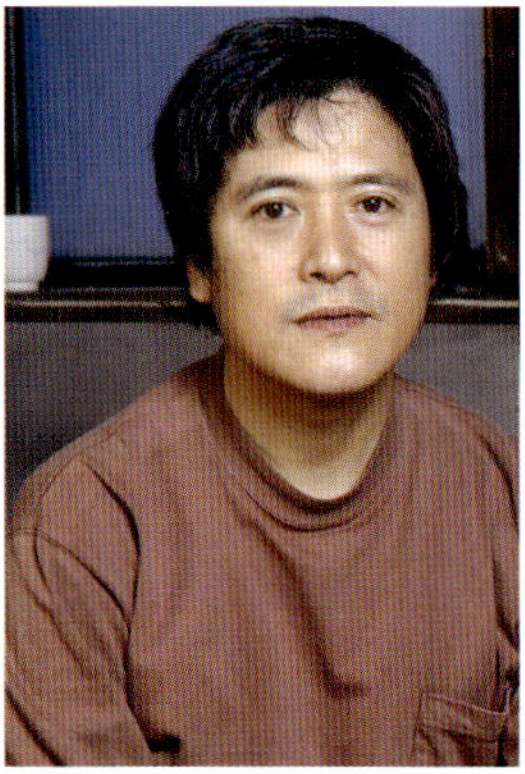

すべてを体で覚えている。勘で釉薬掛けの濃さを一回できちっと、しゃく合わせしてしまう。神業的で、狂いが無い」とプロ職人の世界に感嘆する。それでいて鉋《かんな》の持ち方ひとつ、誰も説明してくれない。「この世界、技術は盗むものなんです」と言いながら修業を続けた。

京都へ戻って清水焼の伝統工芸

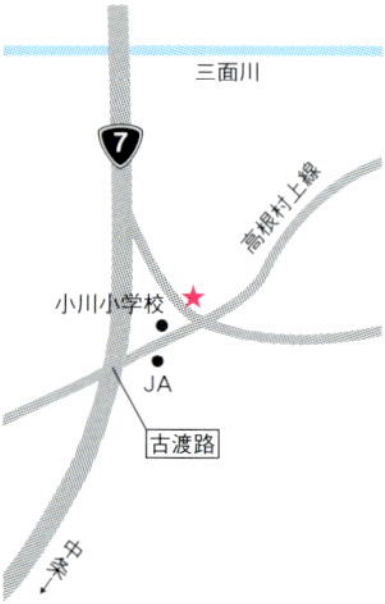

〒958-0269 岩船郡朝日村古渡路1483-3
☎0254（72）1553

士・高島昭雄氏がいる洸春陶苑に三年半勤めた。雑誌『家庭画報』『四季の味』などに喬士さんが作った紺釉小付や黒釉鉢などがポツポツ紹介されだした。たまたま展覧会に出品した器が気に入られて、料亭「吉兆」の食器を手掛けるようになったのもそのころから。

御本手片口鉢（幅38cm、奥行き36cm、高さ12.5cm）

日本料理は旬が勝負である。他国に類を見ないほどの種類を誇る和食器を「食器のもっている季節感を考え、それにふさわしい取り合わせで楽しむことができたら」と語る。千利休は「冬はいかにも暖かく、夏はいかにも涼しきよう…」と教えている。京都二千年の歴史の重さの中で感じたことは「器一つでも気持ちが大切」ということだったと言う。

一九八六年に独立、京都伏見で開窯。九〇年にUターン。生まれ年から取って羊工房と名付けた。ひたすら日用雑器を作り続ける喬士さんは最初から藍《あい》釉と御本手、天目の作品を手掛ける。特に鹿の模様のように淡く柔らかい感じの陶肌味の御本手は、白化粧した上で一度素焼きをし、土灰を掛けて作る。

京都の料理屋などからの注文が多いため、仕事のフィールドは関西を中心に動いているが、このところ地元のホテルや料理屋からの注文も相次ぐ。中国の紫紅釉に似た辰砂《しんしゃ》の中に白釉をにじませた〝赤い器〟が瀬波温泉、夕映えの宿・汐美荘のイメージにピッタリと好評を博した。

変わったところでは、表参道・新潟館ネスパスの記念品にムクドリに似た形で上半分の頭の部分を取ると杯になる「おっと徳利《とっくり》」やペンギン徳利といった動物シリーズにも取り組み、消費者ニーズにも応えている。京都料理展選抜などで活躍。

羽鳥 律子

窯

県内には随分と女性陶芸家が多くなった。女性にこだわると怒られそうだが、女性の台頭が著しく、その上、彼女たちの仕事振りが地に足を着けてキチッと実績を積み上げてきているからこそ「あえて」と、こだわるのである。村上市南町に工房をもつ中堅作家・羽鳥律子さんは「何回か考えられる『もし』があったら多分、今みたいに陶芸の世界にどっぷりとのめり込んでいなかったでしょうね」と人生を振り返る。

　例えば、もし高校へ行かなかったら…「勉強嫌いで、進路決定ぎりぎりまで映画の看板描きにあこがれて、密かにペンキ屋になりたいと思っていました」。もし女子美大の夏期講習に行かなかったら…「あれは高校二年の夏休み直前、大っぴらに東京に行けるからとパンフレットを見て飛び出した。とても充実した時間だった。結局そこへ進学しちゃった」。もし窯焚《た》きの手伝いをしなかったら…「短大二年の時、住宅設計を選択する予定だったけれど、徹夜の窯焚きに誘われて、とても不思議な窯の魅力に、ぜひ自分も、とね」。そしてもし県工芸会に入らなかったら…「趣味的だった陶芸の生活がダラダラ続いたはず。それが本格的にのめり込んだのですから」と語るところが面白い。

　村上市生まれの律子さんは村上女子高から女子美短大卒。その後専攻科一年、研究助手一年を続け、父親の「窯のあるアトリエを造ってやったから帰れ」の誘いにのってUターンした。瀬波温泉への道沿いにある仕事場は八十平方㍍の広々とした吹き抜け空間に試

〒958-0852 村上市南町2-2-55
☎0254(52)1290

想（幅65cm、奥行き35cm、高さ30cm）

作のモデルがあちこちに置かれ、多分に創作意欲をくすぐってくる。

結婚で上京。「四年間しっかり専業主婦、子育てを楽しんだ後、夫の仕事の関係で再び村上に戻った」。村上高からお呼びが掛かって美術講師に。そのころから公募展に出品するようになった。「柏崎の鋳金作家・伊藤豊先生に紹介されて入った県工芸会で、ものすごい刺激を受けて…。そもそも女子美時代はもっぱら〝用の美〟の器作りだったのが、日工会の研究会に所属するようになって〝美の美〟に変わり始めたんです」。

初めの頃はひも作りで、筒状のモノに線彫り。「それが形そのものを動かし、アンバランスに組み立てるようになってから自分のものをつかみ始めた」とうなずく。例えば作品「想」。日本海をテーマに数多くのデッサンをし、煮詰め、信楽《しがらき》の粗めの土を使い、空洞の内側にすっぽりと釉《ゆう》薬《やく》を掛けて、微妙な奥行きの深さをにじますキレ味をみせる。

そうしたものと並行して「身近にちょこちょこあって、『これナーニ』といった、そう、石ころみたいでぐい呑《の》みだったりする楽しいモノも創《つく》っていきたい」と肩の力を抜いてみせる。このところ保育園の園児たちの指導も手がけていて、自身も楽しそう。

律子さんは日展、日工会展での入賞が続き、県展では新潟日報振興賞、奨励賞、そして県展賞を受賞。「かつては造形とのかかわりで、あれもこれもやりたいことだらけだったのに、最近は自分にはこれしかないのかな、逃れられないナと軸足が定まってきた」と強い意思をにじます。創作三昧《ざんまい》の日々というから、一直線に突っ走る彼女の今後に期待したい。

忠治窯《ちゅうじがま》

田村 忠治

村上市鋳物師《いもじ》。田村忠治さんが生まれた所はいかにも、かつて職人たちが活躍したにおいが漂う。山辺里中学を出て、地元の織物工場に勤めたが、幼き頃からの夢が「バスの運転手」。土建会社に転職し、冬場の出稼ぎで大型重機の免許を取得。村上市役所に再就職して除雪車などを運転してきた。「なにしろ夜間勤務で酒好きとあって、胃を痛めまして」と三分の一を切り取った。二カ月の休職期間中、ふと読んだやきものの記事に心惹《ひ》かれて「自分でも」と思ったのが、そもそものきっかけである。

紹介されたのが地元に住んでいた陶芸家の佐藤公平さんだった。週二回通いながら、花器や大壺《つぼ》作りなどの作り方を習った。「湯呑《の》みは一日百個作らなければ…」と言われて、ひたすら作った。基本的な事を修得した上で「自分の好みが焼締めにあることを知って、山（鋳物師）に窯を造った」と言う。

自分で造った穴窯は大壺一個ようやく入るくらいの小さなもの。その一回目の窯焚《た》きの時。「無我夢中だった。肝心の温度が一〇〇〇度しか上がらず焦ったら、公平さん夫妻が薪《まき》を持って駆けつけ、朝まで焚いてくれて出来上がったのがコレです」と手にとった壷が、県勤労者美術展中央展への初出品作。見事、知事賞を受賞。「エッ、俺でもやれる！」とのめり込んでいったが最後、窯造りにも熱が入り、これまで四回も築いた。現在は長さ六㍍大の穴窯の他、ミニ穴窯やガス窯も備えている。

何しろ器用な人である。自宅から十五分くらいの所にある八十平

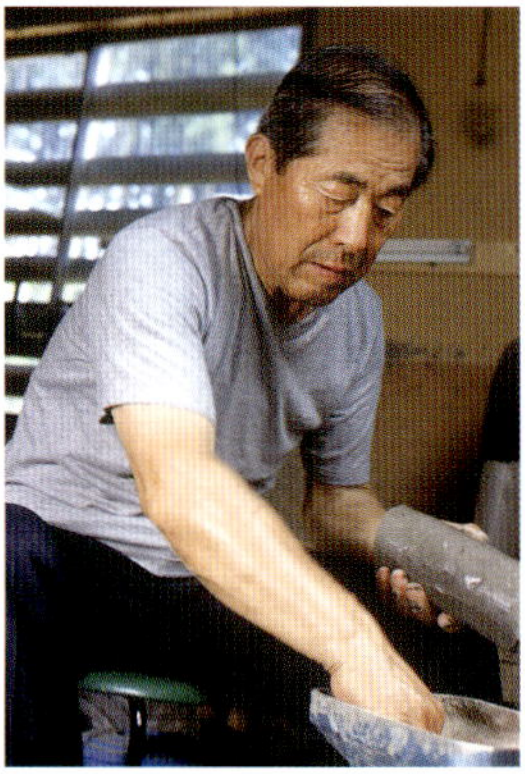

〒958-0033 村上市緑町2-3-39
☎0254(52)5548

壺（窯変・桟切、径36cm、高さ28cm）

方㍍の仕事場は整地から基礎コンクリート打ち、柱立て、屋根付けまで中古ブルを購入してすべて一人で造り上げた。ちゃんと展示場も作った。このお気に入りの仕事場へは時間があれば入り浸りだ。

作陶生活を続けていくうちに中途半端さに満足できず「もっと学びたい」と市役所退職後、岡山県備前市の山天窯（夢幻庵）へ住み込み、備前焼作家の見附文雄氏に師事した。

「大壺をひも作りではなく、轆轤《ろくろ》で作りたかった」と言う忠治さん。一個十㌔以上の円筒を二つ作って大壺にする「合わせ轆轤」の方法を学んだ。「合わせる所が一番水分を多く含んでいるので、下手すると横に膨れやすい。乾き具合に注意してのタイミングが難しいんです」と苦労した。

薪窯の場合は火の通り道をどう利用するかが勝負とあって、窯の詰め方が肝心である。

「先生自ら窯の中に入って教えていただいた時は、思ってもいなかったので大感激しました」と振り返る。「先生の場合、薪で焚いて、途中バーナーに変える。いかにして少ない薪で、うまく薪の味を出すか。赤松が少なくなってきていますから貴重なんですね。無駄遣いして大分怒られましたから」とも。

現代工芸新潟会展で県議会議長賞を受賞したのは焼締めの「大壺」。「壺というのは何も取りえがないようだけれど、全体の流れ、バランスが問われるだけに奥が深くて」と愛着度を一層深める。スキーは公認一級の腕前。シーズンになるとたびたび請われて関川村わかぶなスキー場や、村上市民スキー教室の指導員を務める。そこで知り合った元森林組合の職員に赤松の薪を調達してもらうなど「いいこともありますから」と笑った。

鈴木 和弘

陶房《とうぼう》やまや

登り窯や穴窯といった薪窯《まき》で焼くことを目指す陶芸家たちのほとんどは自らの手で築窯する。多分に造るプロセスが何よりも楽しいんだと思う。よく窯焚《た》き五十年といわれる。その時々の天候、つまり温度や湿度、気圧、風向きによって焼成時間が毎回変わってくる。前のデータだけでは窯焚きはできない。薪の燃える音を聞き、火色から温度を読み取る。目と耳が片時も離せない真剣勝負である。異口同音に「それがたまらない」と返ってくるところが薪窯の魅力を物語っている。

　久しぶりに鈴木和弘さんに近況を尋ねたら「私も登り窯を造りました」と声を弾ませる。

「暇を見つけ、足掛け四年は掛かりました。レンガを一個ずつ積み上げていくに従って、夢が膨らんでくるんです」と明るい。「例えば花器の装飾部分を手描きで彫って、化粧土を象嵌《ぞうがん》する。それを登り窯で焼くと、綺麗《きれい》、くっきりだけじゃなくて、予想外の火色の変化がプラスされて楽しめます」と、目線を少しずつ高めてきているところが、いかにも努力家の和弘さんらしい。

　村上市生まれの和弘さんが駒沢大に進学する時、紹介されたのが千葉の陶芸家・神谷紀雄氏だった。

「村上には堆朱という伝統工芸が息づいていて、私自身モノを作って生活できたら、と思っていたものですから」と入学後、時間を見つけてはせっせと千葉通いをした。

「当初、油彩にも惹《ひ》かれていたが、四畳半の下宿に手回し轆轤《ろくろ》を入れて、泥だらけになりながらだ

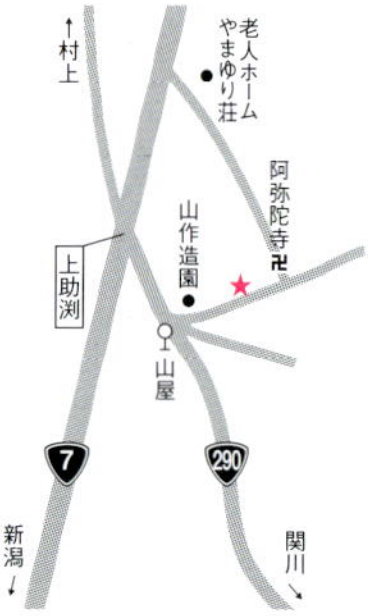

〒959-3404 岩船郡神林村山屋796
☎0254(66)6105

CONGARI（幅63cm、奥行き14cm、高さ37cm）

んだん面白くなりだして」卒業時、「親の説得に苦労したものの、神谷先生に弟子入りしたんです」と。

神谷氏は青磁、白釉《ゆう》、象嵌など幅広い技法を駆使し、特に鉄絵、銅彩に評価が高い。「二年半の間、『心の底から突き上げてくるものから作ろうとするものが生まれるのであって、技術は後から付いてくるのだ』と口を酸っぱくして言われましたね。とにかく早く技術がうまくなりたいと、はやっていたものですから」と、師の言葉に作品の持つ感動の底意を学んだ。

神林村に築窯したのが一九八三年。個展の発表を重ねる一方、「せっかくこの地域に住んでいるんだから」と陶芸仲間に呼びかけ、グループ展を開いたり…と活発だ。これまで朝日現代クラフト展、高岡'91クラフトコンペ、朝日陶芸展などに入選してきた。

和弘さんの作品は直線と曲線が交わるところに新しい紋様を浮き立たせる「彩波動紋様」にファンが多い。これはまずひも作りで型を作る。乾かないうちに紙テープを一定の間隔を置いて平行に張り付けていく。その上に白泥を掛け、すぐテープをはいで乾かし、素焼き。次に曲線のテープを張り付け、グレーや紺色の顔料を混ぜた泥を掛けて色化粧し、直ちにテープをはいで本焼きする。陶肌は直線と曲線の交差の妙味が落ち着いた彩色の濃淡と相まって、手が掛かったクラフト的感覚をにじませる。

時には楽しんで作る音の出る器が面白い。陶の箱の蓋《ふた》をずらすと「星に願いを」のメロディーが流れてくる。オルゴールがセットされていて、陶肌に散りばめられた星の紋様がかわいい。それにしても薪焼成の味わいが加わって随分と作風の幅が広がったよう。

石山 静男

静窯《せいよう》

中国では「青花《チンホア》」、朝鮮では「青《チョン》華《ファ》」、英語では「ブルー&ホワイト」と呼ばれる染め付けは酸化コバルトを主成分とする呉須で図柄を描き、透明釉《ゆう》を施して焼成する。作品自体は絵画的要素の強い紋様が多く、親しみやすいストレートな表現はやきもの装飾の基幹ともいえる技法である。

　この染め付けの極め付けを中国最大の陶磁器産地として世界的にその名が知られる景徳鎮で味わうことができた。中国の人間国宝、中国工芸美術大師・張松茂氏の景東瓷業窯場で働くベテラン絵師、程銘華さんの豆粒より小さな青花を器全体に描き込んでいく鮮やかな筆さばきに「お見事」としか言いようが無いくらい素晴らしく、ひたすら感心、堪能した。

　朴坂山《ほうざかやま》と光兎山《こうさぎさん》に囲まれたのどかな自然の中にある仕事場で、石山静男さんは「気持ちがフワーッと優しくなれるんですよ」と言いながら身近なふるさとの花を器に描き続ける。

　村上高校卒業後、絵を描きたくて東京デザイナー学院へ進学したが、たまたま訪れた栃木県の栗田美術館で色鍋島を見て感動、陶芸を専攻。「それも絵付けをテーマに絞って考えるようになりました」と振り返る。

　卒業後、佐賀・有田の陶芸家で古伊万里と唐津焼の専門家である五代佐藤走波氏の内弟子として住み込みに入った。「厳しい師弟関係でしたね」と九年間の指導に思いをはせる。「絵付けの時、何十個と描くんですが、全部仕上がったのに先生は『線が死んでいる』と気に入らない。全部描き直させ

〒959-3201 岩船郡関川村大字朴坂77
☎0254(64)0881

られたこともあったけれど、線の勢いというのはとても大事で、筆慣れしていかないと硬い線になってしまう。ホント、微妙なんですが仕事ができるようになればなるほど、この言葉の重さがのしかかってきて…」と常に師の言葉を心の中で繰り返す。

若い陶芸家たちとの交流で実り多かった有田の街からUターンするきっかけになったのは、故郷に世話人会ができて「帰ってこないか」と誘われたから。静窯は自分の名前からとった。「やはりふるさとは温かい」と目を細める。作るものは磁器の日用雑器が主体。磁器の良さは絵付けする場合、土の持っている白が好きなように染められるからと言う。あくまでも静謐《せいひつ》なたたずまいをみせる白磁。静男さんの作品に見られるあの滴るような青は、風土を如実に映し出している。生活の中から生まれた〝かたち〟を美意識にまで高めていく執念はすさまじい。

釉彩磁大皿「四季」（径39.5㎝、高さ5㎝）

西部工芸展、佐賀美協展、全日本工芸展などに入選。日本総合美術展では京都府教育委員会賞、国際芸術新聞社賞などを受賞。

これまで細かい模様を入れ、透明釉を掛ける有田っぽい染め付けから始まり、輪郭線を墨で描き、ボカシを入れて焼くと線が白く抜ける墨はじきをやってみたり、本焼き後に絵付けをしてもう一度焼き付ける上絵を手掛けたり…時には鳥羽僧正の鳥獣戯画をも模す。「筆運びを考えるのにもってこいの題材。線の勢いだけが持ち味で、色でごまかさないからとても勉強になります」と。最近は輪郭を呉須で描いて釉薬で色付けをする釉彩に凝る。「色呉須で絵付けするよりも下地が透けて見える柔らかな色合いを出せるのが気に入っています」とうなずいた。

坂爪 勝幸

　十日町広域圏六市町村を舞台に三年に一度開かれる「大地の芸術祭　越後妻有アートトリエンナーレ」は、世界で活躍する現代美術作家たちの〝世界最大級の野外展〟。難解？なはずの現代美術の作品群が、大自然の懐に抱かれて訪れた人たちと素直に心を通わす光景はかなり刺激的である。坂爪勝幸さんの大作、陶オブジェ「遁走・フーガ」対位法による松代町のための多重彫刻は、周囲の風景にしっくりとなじんでいるようで、どうしてどうして、かなり攻撃的に尖《とが》っていたところがたまらなく面白かった。

　作陶のテーマは「今の時代の今のモノを創《つく》る。用途がない、装飾性がない、無機的造形」と気持ちを飾らず、「かつてモノとして非常にパワーを持っていたものが今の社会の中でモノの意味を無くしている。だからこそ私自身の作品が日常の中に置かれる事によって精神的パニックを起こすようなものでありたい」ときっぱり。

　村上市出身のこの人には〈国際派〉という前置きが似合う。東海大学文学部英文科を卒業後、九州の主要な窯場を巡ったり、萩（山口県）や洞爺（北海道）で窯造りに参加。さらに中世の穴窯や江戸初期の登り窯の築窯技術や考古学調査のため、韓国を訪れ、新羅《しらぎ》、高麗《こうらい》、李《り》朝の古窯の調査を行ったり…。グアム大学ではセラミックス講座を担当。オーストリアで開かれた物理学界の「芸術と科学」のパネリストを務めたりもした。そうした体験は「モノとはどうあらねばならないかという制作の原点を求め、自分の価値観を確立し

〒959-2625 北蒲原郡中条町半山
☎0254（43）2085

織部フーガⅡ（幅160cm、奥行き160cm、高さ60cm）

た意味で得るものが多かった」と目を細める。

国際交流基金（外務省）の客員教授として米国ニュージャージー州立芸術教育センターに派遣されて、米国陶芸家グループと米国現代美術の世界に穴窯の作品を持ち込み話題をさらった。足掛け九年、米国での滞在が続いたが、「町に文化的起爆剤を打ち込みたい」という中条町の友達から、窯造りへの誘いがあってUターンした。

「日本の陶芸史の中で桃山時代のものには朝鮮文化の影響を抜けきった独自のものが培われている。穴窯は二週間焚《た》き続けなくてはいけない、ばかばかしいほどの熱効率の悪さ。穴窯でなければ表現できない故のこだわりなんです」と半山の森に二百平方㍍の工房を建て、念願の穴窯を築いた。

最近のトピックスは何と言ってもＮＨＫハイビジョンスペシャル「ニューヨーカー織部に挑む」への出演。織部釉《ゆう》を使って大きな作品を作り続けてきた勝幸さんをガイド役にして、メトロポリタン美術館での「織部展」と併せ、ニューヨーク大学で陶芸を学ぶ十人の学生、院生が織部を作陶するプロジェクト。「アメリカ人の感性が作り上げた〝ニューヨーク織部〟の素晴らしさ。芸術のグローバルさを肌で感じた」とうなずく。

勝幸さんのこれまでの作品を見ると日本現代陶彫展で優秀賞を得た高さ一㍍八十㌢の長方体四個の「Ａ・Ｕ・Ｎ」や「ナンバーで並べていくと作品自体がリフレクト（反射）してくる連続性の面白さを狙った」グレーブストーン（墓石）シリーズなど多彩。発表もイタリア・ファインツェ国際陶芸展など海外が多く、作品もロックフェラー美術館やブルックリン美術館などに収められている。

平林 正幸

林平窯《りんぺいがま》

春は遠近問わず山桜が満山を飾り、蝉時雨《せみしぐれ》に明け暮れる夏…錦に染まる秋はこよなく美しく、そして雪に埋もれる冬は、その静寂さが心地よい。これを贅沢《ぜいたく》と言いたい。平林正幸さんの仕事場は桜で有名な大峰山の山すそにあって、せわしない日常に追われている身としては、そうした田園生活がちょっとうらやましい。

県内陶芸家たちへのインタビューで必ず聞くことの一つが「この道へのきっかけ」である。その答えが、いかにもその人らしさをにじませていて面白い。新潟市生まれの正幸さんは明訓高校から青山学院大学法学部に進学した。学園闘争真っ盛りの頃で、授業も休講が相次いで「大学ってこんなものかなぁ」と思っていた矢先、たまたま入った映画館のニュースで益子《ましこ》の陶芸が紹介されていたのが、そもそもの出合いである。

「田舎の素朴な風景の中で、土から形を生み出していく手作業。コツコツとやっていて、それでいて個性が非常に大切にされている。手の中の粘土の感触が不思議な力を持って映像から伝わってきたんです」と強烈なインパクトを思い出す。

岐阜・多治見の日本工芸会所属の安藤日出武氏に弟子入りして二年間、生地作り、窯の出し入れなどの下仕事に精出した。その後の岐阜県窯業試験場では型づくり、土の配合と性質、窯の焼成技術といった基本的なものを学んだ。「二千種類くらいのテストピースを作って…結局は昔から伝承されている簡単な調合が自分の感性にピタッと合うことが分かった」と

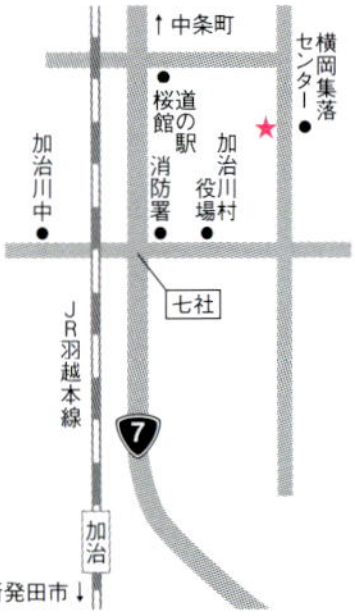

〒959-2411 北蒲原郡加治川村横岡1909-1
☎0254(33)3654

語る。

Uターンしたのは一九七六年。初め新潟市に開窯したが、広いスペースが欲しくて、八一年に岩船郡荒川町に移窯。そして八六年に「縁あって、こちらに移った」。仕事場は制作、窯場、展示室に分かれていて、どの部屋にも正幸さんの闘いの後先が見え隠れしている。

これまでの正幸さんの制作姿勢は公募展に見向きもせず、ひたすら日常の食器作りに向かってきた。用途にこだわり熱心に取り組む姿勢の中に潜む高い品格への眼《まな》差《ざ》し。使わないとモノは生きてこない。使ってみて作り手の意図や苦労が伝わってくるのである。

織部鉢（径22cm、高さ7cm）

正幸さんの何よりのこだわりは織部である。織部の歴史は美濃に室町末期、茶人の傾向を持った茶具を焼造し始めたのがきっかけで生まれたもの。桃山時代後半に花開き、茶道界の旗手、古田織部好みといわれる特色があるため、こう呼ばれる。

「織部焼の造形、意匠上の特色は、それまでの円形を中心とする形の概念を徹底的に打ち破ったところ」と正幸さん。自在な形姿と描き込まれる模様や構成が固定の概念に拘束されないという破天荒な意匠性を持つ。不整形が基本。緑釉《ゆう》だけのものは総織部、鉄釉と掛け分けるのは鳴海織部、志野風の色濃い鉄絵は志野織部、黒釉の掛かった織部黒など多様な作風が持ち味である。「織部には当時の創意ある時代精神が示されていて、新鮮で飽きない」と魅力を語る。

「釉薬、焼き上げだけに頼るのでなく、絵付けの中に自分の意志をみせたい」と意気込む。メダカやスズメの群れ…南画風、水墨画的筆遣いには人柄がよく出ていて、軽妙である。

五鬼原窯《ごきげんよう》

佐藤 公平

紫雲寺町真中の松林の中に、ロッジ風のギャラリー「栞《かん》」がある。都市型で健闘する県内のギャラリーの中で、「栞」は田園型で力投する。草むらに張り出した広々とした木製のベランダが憩いのひとときを演出する。主は佐藤公平さん、まぜみさんの陶芸家夫婦。

公平さんは秋田県出身。千葉県木更津高校を卒業して、デザイン専門学校で学び、陶芸家の神谷紀雄氏の通い弟子になった。「何とかやきもので食っていけそうなので…」と村上市出身のまぜみさんと結婚して、村上にやってきたのが一九七五年。十三年間村上で作陶してきたが、「広いスペースが必要になって」探したのが二千五百平方メートルの赤松の美しい林の中。紫雲寺町に「ぜひ」とラブコールしたのが奏効して、トントン拍子に決まったというわけ。

面白いのは窯名である。「五鬼原窯」と書いて「ごきげんよう」と読む。ご本人は「シャレです」とすますが、このシャレ心が彼の作品の中で見事、結晶されて生き生きと輝いている。作品は黒陶で作るオブジェが多い。黒陶は焼成段階において炭素を作品の表面に吸着させ、全体を黒く発色させたもので、登り窯などで燻《いぶ》して焼くやり方。その昔の燻し瓦《がわら》もその一種。

公平さんの場合、素焼きまでは他の作り方と同じだが、その後、金属製のサヤに作品と籾殻《もみ》や木炭などを入れて直接火が当たらないように密閉の状態で七五〇度前後で蒸し焼きする。乾燥の段階でスプーンなどで数回磨くことによって艶《つや》を出す。「ひたすら表面を磨

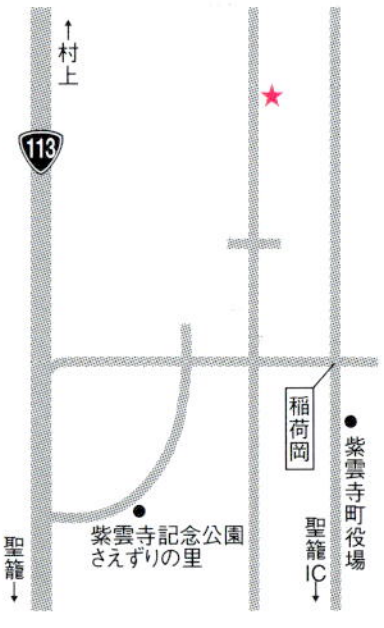

〒957-0201 北蒲原郡紫雲寺町真中1916
☎0254(41)4832

き続けていると頭の中が真っ白になる。そんな時間が持てるのも黒陶の魅力の一つかもしれません」と。

そして「黒陶の場合、粘土で自分の思いのままに仕上がれば、高温のやり方と違ってイメージ通りに焼き上がる彫刻的なところがいいんです」と黒陶の魅力を語る言葉は尽きない。

公平さんの作品には彼流ジョークがひと味効いているところがミソ。日本陶芸展に入選した「KAWARABAN」は瓦の形に新聞紙を転写して、かわら版にひっかけた。日本刀そっくりに作ったやきものを「日本陶」という。同展最優秀賞秩父宮杯を受賞した「視覚闘争」は素材の陶を全く感じさせず、鉄にも木にも見える。実際は平板なのに曲線を描いているようにも見えるというこの作品は、ソウル五輪芸術祭で日本を代表する十二人のひとりに選ばれた。

「伝説」（幅38cm、奥行き19cm、高さ30cm）

「炎のかたち」シリーズでは、粘土で火のかたちを作る、そのかたちを窯の火で焼く、炎で焼かれた炎のかたちというパラドクスとタイトルの二重性で見る人を楽しませてくれる。

「陶磁苑」のシリーズでも「文字はもともと象形文字のようにものの形を元に作られたのだから、その文字の形から新しい形を作ってみようと思った」と言う公平さん。謎かけのようなシャレの世界である。

近作では白磁の土に顔料で彩色したレリーフなども手がけて表現の幅を模索している。「一生懸命楽しんで作ることを心掛けています」と力を込める公平さん。「ただ作品とは、品を作るということを忘れたくないんです」と付け加えることも忘れない。彼の作品であなたの感性がくすぐられたら、それは本物に違いない。

窯

佐久間 友志

仕事場をのぞくと雑然と片付けようも無いくらい、あちこちにモノが散らばっているものの、ブワーッと熱みたいなものが伝わってくることがある。逆にちり一つなく、きちんと整頓《とん》されていて、どこに何があるか一目瞭然《りょうぜん》。壁際に作品が端正に並べられてあり、どこか気持ちが清々として心弾んでくることもある。それが建物の雰囲気にも表れる。いずれも作り手の性格が伝わってきて面白い。

日本海を渡る風のざわめきが潮の香りを運んでくる次第浜の佐久間友志さんの仕事場はモダン感覚あふれる素敵な創造空間である。

山形県鶴岡市生まれ。高校卒業後、ネブラスカ州クレイトン大学数学科へ。コンピューターなどを学びながら美術の授業でジェリー・ホーニング教授の陶芸の指導を受講したところハマった。「アメリカでは生活の中にガラスものが多く、ひと口にやきものといっても磁器がほとんど。土もの、いわゆる陶器は特別視されがちなんです」。轆轤《ろくろ》挽きから素焼きの段階まで基本的な部分をしっかり学んで単位を取った。その後の工程は「CLAY AND GLAZES FOR THE POTTER」といった書籍などで研究。「日本のようなやきもの土壌とは異質なアメリカで、思うままの造形活動が過ごせました」と振り返る。世界的なアーチスト、クリストのお手伝いをしながら感性を磨きもした。ひと区切り付けて帰国。とりあえず創作活動を続けようと上越教育大へ。八カ月の研究生活を経て、四年間上越市で作陶を続け次第浜に移った。

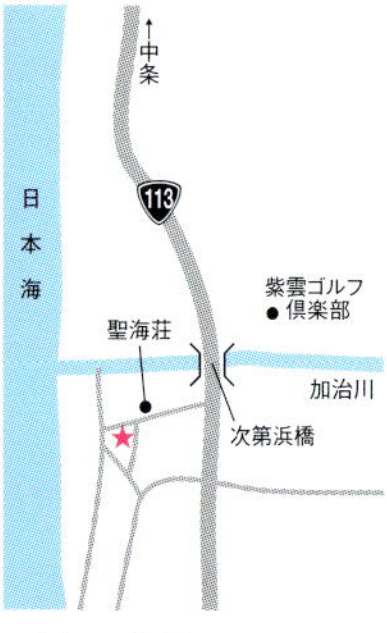

〒957-0105 北蒲原郡聖籠町次第浜4195-4
☎090(7524)4560

HANAIRE（左：径13cm、高さ15.5cm、右：径13cm、高さ16cm）

友志さんに初めてお会いした時、「Doble Walled」―二重壁をテーマに作陶していた。例えば壺《つぼ》。大きさの違う同じ形の二つの壺が合わさったと考えればいい。作り方は壺の上部と底の部分を別に作って接合する。もののたっぷりとした重量感が出せて、それでいて見た目よりずっと軽い感じをいかに出すか、を求めて「行き着いたのが、これ」と。

作品の内側全体がすっぽり空洞になっていて、一カ所針の穴が作ってある。この小さな穴は温度による膨張で割れないための空気孔。素焼きの段階で中が乾いているか分からず、本焼きでは型崩れが出て、イメージ通りの仕上がり確率が低いといわれる。「でも、どうしたら目指すテーマにより近づけられるか…苦しいんだけれど楽しいんですよね」と、さり気なく言うところが友志さんらしい。

一九九四年、九五年に朝日現代クラフト展で、九七年に京都クラフト展で入選した。友志さんはあくまでも「かたち」にこだわりを見せる。土の色を生かすため釉薬《ゆうやく》を使わないで、生地に練り込み用顔料を含め、色粘土を組み合わせて形を作る。妙味といえば、黒泥土を使って、タイヤチューブのような形を作って立て、その一部を切って花器に仕上げる。ありきたりでない作り方に挑戦することは「結果的には焼き方にとても苦労する」と苦笑する。正直言って友志さんの作品を言葉で語ることは難しい。慈しんで作る彼の人柄が、ぬくもりとなって黙して、なお語りかけてくる、その語りに静かに耳を傾けてみた時、作り手の微妙な深い思いを知ることができるのである。併設されたギャラリーでじっくりと手にしてほしいと思う。

鶴巻 俊郎

陣場窯《じんばがま》

雨の日、新発田市の繁華街を抜けて二王子岳の麓《ふもと》を目指して車を走らせる。初夏の頃の田園地帯は大地から沸き立つような緑に体が洗われるよう。鶴巻俊郎さんの工房を訪れると、あいさつもそこそこに「ちょっと来て」と見せつけられたのは、部屋の片隅にまだ脱皮間もないシマヘビの抜け殻が。「こういう所ですよ」と優しい。

作業場付き農家を購入して、自ら天井や床を張り直し、階段まで作った。テーブルやイス、簡易ベッドなどもお手製である。「三十代あたりから住むなら山と川のある眺めのいい田園地帯で、と憧れていましたから」と目を細める。積年の念願をかなえて、街中の自宅から通ったり、泊まったりしての創作三《ざん》昧《まい》の日々だ。

多摩美大絵画科卒の俊郎さんは関川村の関谷中を振り出しに、新発田本丸中で定年を迎えるまでずーっと美術教師を続けてきた。専門は油彩である。二十代後半頃、「エメラルドグリーンとバーミリオンのフォルム」と題した作品などを描き、東京・銀座ルナミ画廊で個展を開くなど時代を切る革新的表現を発表し続けていた。

一時期、新潟現代美術家集団GUNに誘われて参加も。前山忠氏、堀川紀夫氏らといっしょに既成概念の打破を目指して、いろんなパフォーマンスを打ち上げ、話題をさらった。

最近のテーマは「命あるものへの賛歌」。黄色に塗り込められたキャンバスに女体のうごめきらしきフォルムが抽象的に描かれ、エロチックに迫ってくる。

さて本題のやきものだが、山北

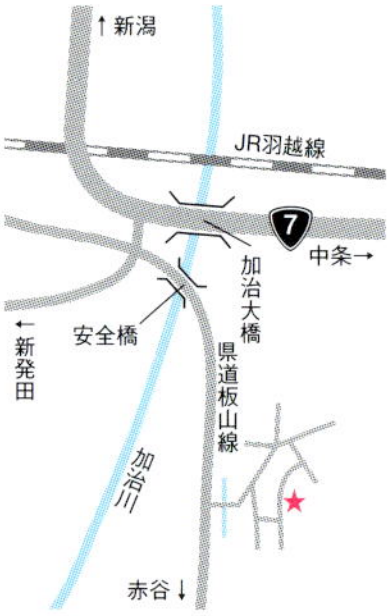

〒957-0342 新発田市本間新田98
☎0254(25)3712

あわび紋大皿（径39.5cm、高さ4.8cm）

中時代に教員仲間が子供たちに楽焼を指導していて「面白いナ」と思ったのがきっかけ。聖籠中で学校に窯を設置し、クラブ活動でやり出した。やり方は「独学です」というが、そこは美術教師である。本格的に手掛け始めたのは退職してから。「ここにかつて瓦《かわら》工場があったと聞いて、探したら粘土層を見つけた。これを使わない手はないナ」と掘り出した。

地元の素材を生かした釉薬《ゆうやく》、地元の粘土を生かした焼締めで、ひも作りにこだわる俊郎さん。知り合った神奈川・大磯の陶芸家で日本工芸会の小野寺玄氏に水簸《すいひ》のやり方など土作りを習って、原土からの作業が始まった。せっかくだからと地元の竹やワラ、杉、しそ、小豆殻などを灰にしての釉薬作りも。この自然釉に混ぜる長石、珪《けい》石は越後金丸へ採取に。それを砕き、乳鉢で粉にして篩《ふるい》にかけている。石油窯を使っているが、いずれ登り窯を造ろうと耐火レンガはすでに集めてある。

手びねりで日用雑器が主。土味を生かしたい、と焼締めが中心だ。土形成した後、柔らかくしたワラを巻きつけて焼く火だすきや、二ミリくらいの銅線を巻き付けて自然の紋様を描き出す銅線紋、アワビやアサリ貝を乗せて焼く貝紋、灰慣らしで削って鉄分の多い土を埋めて象嵌《ぞうがん》するといったやり方を手掛け、どちらかといえば人工的におごらない原始の力強さをにじませる。「いずれオブジェを」と言うから、そのうち油彩の抽象的表現に見られる何ともいえない持ち味が作品化されそうで楽しみである。

古民家の癒《いや》しの〝創造空間〟で作陶に没頭する俊郎さん。時には脇の菜園でトマトやナスを育て、時には雨垂れを見やりながらの読書と、至福の時が流れる。

倉島 義宏

五頭焼《ごずやき》

「新潟のやきもの」の初版を出した直後、真っ先に長い手紙をいただいたのは芥川賞作家の瀧澤美恵子さん（村松町出身）からである。二十年余、茶道をやっておられる瀧澤さんは、やきものに造詣《ぞうけい》が深く、瀧澤さんの時代小説「悲恋斬るべし」の中に、石洲流茶の湯を背景に織り込んだ印象的な描写がある。「一度、女性陶芸家を主人公にした長編を書こうと思っていましたので…」との文面。私宛てには「炎の色と温度を本の中から感じられて」と評され、文章にすこぶる厳しい人だけに、とてもうれしかったのだが、「いつか小説のイメージに使いたい」と気に入った何人かの陶芸家を見つけられたよう。その一人が倉島義宏さんである。

　豊栄市生まれの義宏さんの仕事場は、元の笹神村、五頭の山並みが美しく、緑の壁を連ね、真光寺ビレッジのリゾートハウスが点在する出湯温泉の道すがらにある。新発田高校から中央大学商学部卒。学生時代に茨城県太子町に住むドイツ人陶芸家、ゲルト・クナッパー氏を訪ねたのが「この道に入るきっかけになった」と振り返る。

　バーナード・リーチの紹介で来日したクナッパー氏は古いかやぶきの庄屋屋敷を改造して、登り窯を築き、日本陶芸展や日本現代工芸展での活躍が目覚ましく、義宏さんは「山奥でゆったりとモノづくりしている姿に本物を感じた」と心を寄せ、在学中から陶芸に心が傾き始めていた。

　授業の合間に安田町の庵地焼の旗野義夫氏や三重県伊勢市の陶芸家・奥田康博氏を訪れたり…。一

〒959-1941 阿賀野市羽黒403
☎0250（63）1797

年間兵庫県の丹波立杭焼窯元「やまの」で修業した後、やっぱりクナッパー氏の所へ飛び込んだ。「中近東やアラスカなど、若い頃から一人旅で世界を回った先生の冒険話が自分には何よりの心のエネルギーになりました」と言いながら、「先生の創作技術を〝盗み学び〟しながら」三年間過ごして、Uターンしたのが一九八一年である。

翌年から日本民芸公募展に出品、入選を重ね、日本陶芸展にも入選しながら主に急須《きゅうす》やコーヒーカップなど日常雑器を手がけ、「よそ見しながらも手が伸びると、すっと持てるような使い安さ、いろんなモノがあっても、しばらくすると、ついついそのモノに手がいく…私は目が選ぶモノではなく、手が選ぶモノを作りたい」と熱い。

土灰釉削模様花器（径21㎝、高さ22㎝）

義宏さんは益子《ましこ》と地元の土を使う。鉄分の多い土を形にして、部分に白化粧掛けすると土質の色差がうまく生き、一色で二色の効果が出るところがミソだ。かつてドイツのモーゼル川沿いのクロッテンでベンデリン・シュタール氏に一年半学んだことがあった。「ブワーッと大らかに過ごせた体験は常に心の底に息づいています。器と土そのものを生かせる接点を見つけながら、土の表情を追っていきたい」と言葉を重ねる。

笹神に移るきっかけになったのは「ふるさと創生」の頃。「村おこしに、ぜひ」と、義宏さんの黙々とした地道な作陶生活に白羽の矢が当たったというわけ。その後、伴侶《はんりょ》を亡くされて、男手で二人の子供を育ててきた。「食器を洗う体験などを通じて、そう、主夫業で発見したものが作陶に役立つことが意外と多いんです」と言いながら、親子陶芸教室も手がけ始めている。

五十嵐　毅

歩夢工房《あゆむこうぼう》

阿賀野市の、と書くより元の笹神村といった方が分かりやすいが、初めて五十嵐毅《たけし》さんの仕事場を訪れた時、直径三メートルぐらいの丸い大きさにレンガ五、六段積んで囲いを作り、野焼きをやっていた。半日くらいかけ、の－んびりと焼き上げる野焼きは何だか遠い日のレトロな懐かしさが込み上げてきて、たまらなくいい風景だった。

　毅さんは「修業時代、インドネシアのロンボク島を旅したんです。おばあさんが地べたに座り込んで、日本の弥生時代の土器を作っていた。作陶始めの頃、私が野焼きに惹《ひ》かれたのは多分に、あの風景が原点なのかもしれません」と忘れない。今でこそスローライフが華やかに時代の追い風を受けているが、毅さんが自らの創造空間を歩夢工房と名付けたのも、ゆっくりとバタバタしないで夢をもって歩みたい、という強い意識が心の奥に芽生えもっていたのだと思う。

　明治学院大学社会学部卒業後「ネクタイが嫌で」と長野や山梨などでアルバイトをしながら、旅を続けていた。「百姓もいいなぁ」と福島の農家に居候していた時、たまたまやきものをやっている人に出会って、行き先を決めたのが愛知県窯業職業訓練校。「そういえば以前、実家に登り窯があって瓦《かわら》を焼いていたのが、この道への遠因になっているのかもしれません」と振り返る。

　訓練校では一年間、土練りや轆《ろく》轤《ろ》挽き、流し込みなどを学んだ。瀬戸市の美夜之窯を訪れた時、アトリエを主宰していた日本クラフト協会委員で、朝日陶芸展評議委

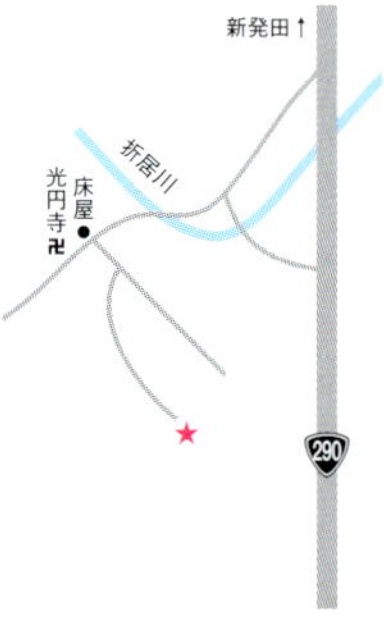

〒959-1916 阿賀野市小栗山650-1
☎0250(63)2451

員の加藤元男氏に誘われて、弟子入りした。加藤氏は「伝統技術を

香（かおり）（たて70cm、よこ140cm）

現代に生かすための陶芸」を掲げ、成田国際空港ターミナルビルの千二百平方メートルの大陶壁など陶壁画で独自の活躍をしている人である。

十人のスタッフが一つ屋根の下で寝起きを共にする。「ここに自分としての充実した居場所があるのでは、と素直に感じた」と当時を懐かしむ。特に陶壁はスタッフ全員でデザインを描くことから始まり、土によるモデルを作る。「ペーパーデザインと実際の土では質感が違うし…みんなでディスカッションを戦わせ、ワイワイ自己主張しながらやった体験は結果として自身の感性を磨くのに随分と役に立った」と言う。

ここで知り合った東京都出身で看護婦をしていた奈穂子さんと結婚。独立。笹神の実家の瓦工場に開窯した。陳列室に並べられた陶人形や明かりスタンド、日用雑器。轆轤や手びねりで作る猫や犬、人形などは釉《ゆう》薬《やく》をかけるものの全体に素焼きっぽい陶肌が特徴で、土味を殺さず、何げない表情が埴輪《はにわ》ののどかさに似て、それでいてエスプリが小気味よくきいているところが毅さんらしい。

二〇〇三年の県展彫刻部門での入選作は子供を抱く母親像。〇三年日仏現代美術博での欧州造形美術賞受賞作は犬を抱いた子供像。いずれも一メートル大の大作。「作っている途中で下部分が乾いてきて、バランスが崩れたりするし、焼く時にも失敗することが多い」と苦労をにじます。二人の子供の成長に合わせて制作を続けてきた陶像はライフワークでもある。県内の陶芸家があまり挑戦していないジャンルだけに今後が楽しみでもある。

旗野 麗子・聖子・佳子

登録商標

庵地焼《あんちやき》・旗野窯《はたのがま》

越後のやきものの歴史をひもとくと、徳川時代の末期から明治にかけて粘土の産する所にほとんど窯ができており、百三十カ所余と推定される。そうした中で五頭連峰の麓《ふもと》には良質の粘土が広く分布していて、中世からやきものを焼いた窯がたくさんあった。産地といえば瀬戸や有田、備前、唐津、益子《ましこ》といった有名な所が指折られるが、どうしてどうして、地方でも地道にコツコツと伝統の中に息づいている窯場も見逃せない。

庵地焼・旗野窯は一八七八年の創業。以来八十五年間を保田焼と称し、一九六二年五月から庵地焼と名を改めた。当時四軒あった保田焼は時代の流れの中で瓦《かわら》や土管作りに転じたり、閉窯したりし、終戦時には日用雑器を焼く窯場として旗野窯ただ一つが生き残った。旗野直太郎氏、嘉一氏、義夫氏と続き、そして義夫氏の長女・麗子さん、三女・聖子さん、四女・佳子さんの〝三姉妹〟が四代目。

「父の苦労している姿を見て、自分たちが腹をくくって少しでも手助けしなければと思って」と麗子さん。「修業に出ることも考えたけれど、人手が足りなかったし…父を師に。それが良かったんだと思う。技だけでなく『やきものをする時は女も男も無いんだぞ』などという心構えまでも教えてもらいましたから」とうなずく。聖子さんも直接、旗野窯で特訓を受けたが、佳子さんは丹波立杭の伝統工藝士・市野幸男氏に付いて五年間修業してきた。

お茶好きな作家の丸谷才一さんはエッセーで「難しいのは茶器ですね。器がよくないと、お茶が楽

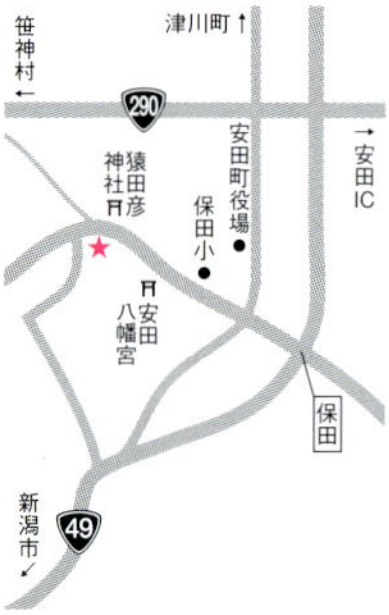

〒959-2221 阿賀野市保田148-3
☎0250(68)2272

しめない…今の日本ではちょっと腕のいい陶工はすぐ茶器（といっても抹茶のほうのやつ）を作って高い値段をつけたがる」と苦情を呈し、もったいぶった茶器にそっぽを向き、雑器作りが専門の〝へそ曲がり〟の急須《きゅうす》を気に入って買った話を書いている。陶芸家の中にはひたすら職人気質を目指す人たちが増えてきているのが頼もしい。

面取茶器（湯のみ・径6cm、高さ8.5cm、急須・径11cm、高さ13cm）

　庵地焼は生活に密着した食器を主体にしており、「面取《めんとり》茶器」に特色を持つ。面取りは轆轤《ろくろ》作りを普通の二倍以上の厚さに作り、刃物に吸い付かない程度に乾かし、円い面を切り取って、外見を角物にする。「庵地の土は収縮率が大きく、厚く作らなければならないという、その土の欠点をカバーして生まれたのが面取りです」と麗子さん。

　「伝統とは必ずしもその地に古くから伝わるものを、そのままコピーすることだけではありません。その地方の土壌をどう生かし、現代人の庶民生活の中に溶け込ませられるかが大きな要素です」と付け加える。

　旗野窯は県内でも食器の種類を一番多くこなしている窯である。「雑器を専門にやっていると、美術品作りの片手間ではできません」として、あくまでも昔ながらの手作業。地元の原土から木の根っこや砂を取り出す「泥漉《こ》し」や「土踏み」するところから始まる。

　民芸協団の公募展で、通産省生活産業局長賞、中小企業庁長官賞など幾多の賞を受賞してきた。麗子さんは伝統を、聖子さんはそれにプラスαを、佳子さんはさらに斬新《ざんしん》に、とそれぞれの個性をにじませて窯を支える。三人三様「常に使い手の身になって、本物の手作りの日常食器を作ることにこだわっていきたい」と熱い。

安田焼《やすだやき》　渡部窯《わたべがま》

渡部　由春

以前、備前焼の窯元で年季の入った職人から土作りの話を聞いたことがある。小石などを取り除いた土は作業台の上で短いひもにし、さらに指で押しつぶして不純物を探し出し、それを丹念に取り去ってから二、三年日の当たらない地下室で寝かす。その間に指から伝わった体熱で土中のバクテリアが活発化しだして粘り気を増してくるのだという。土作りの根気よさを教えてもらったが、保田も五頭連峰麓《ふもと》にあって縄文土器が数多く発掘されていることでも分かるように、もともと良質の粘土が広く分布しており、越後の窯場であった。

渡部由春さんの仕事は土作りに始まる。俗に「土練り三年、轆轤《ろくろ》十年」といわれる基礎のキ。地元の原土をわが子のように取り扱う。なにしろ由春さんの裏庭には千《トン》の原土の山がある。「自分の代の分は確保してあるんですョ」というからすごい。

仕事場を訪れると真っ先に目に入ってくるのが「工芸は車の両輪の如きものである。一方は実用、他方は美…用に即した美であり、楽しませる用をも蔵していなければならない」と書かれた一枚の額。由春さんのやきものに対する真摯《しんし》な姿勢が伝わってくる。

父親の熊英さんが瓦《かわら》職人だった由春さんは「幼い頃から薪《まき》割りしたり、瓦を焼くときの簡単な道具を粘土で作ったりしてきた」と話す。そんなわけで安田中学を出るとすぐにやきものの世界に入った。七年間の修業後、「もっと勉強したくて」と〈旅〉に出た。京都・清水や名古屋・瀬戸などの窯

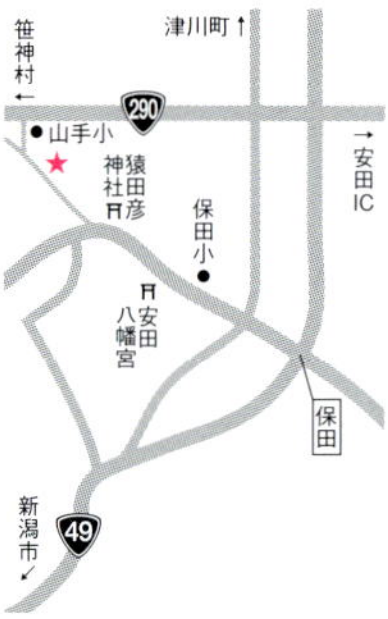

〒959-2221 阿賀野市保田6049
☎0250(68)2898

作品（幅20cm、高さ40cm）

場を回って、ふるさとで開窯したのは一九六九年。「独立したからといって販路がすぐに見つかるわけでなく、メシ食うお金もなかった」と苦しかったスタート時を振り返る。

そんな時である、今風に言えば町おこし運動。特色ある町づくりに、と興ったのが「渡部由春君を励ます会」。「七六年六月二十日。この日は絶対に忘れられません」と優しい顔にきまじめさをにじます。安田焼と命名したのは当時の本田富雄町長。命名披露宴には八十人の町の人たちが詰め掛けてくれ、その熱意に「もう後には引けない」と心を決めた。

県展には七〇年から入選し、八二年に奨励賞を受賞。県美展では七五、九〇、九一年と奨励賞。日本現代工芸会の会員でもある。「公募展に出すことは私の、作品に昇華する内なる思いの燃焼であり、一回一回の模索が日々の日用雑器に反映できるんです」と熱い。県展奨励賞を取った「夢の旅立ち」は地の萩釉《ゆう》にコバルトと銅を線掛けして流れの面白さを狙った。現代工芸展に出品した「夢を伸ばす」は昔、いろりの縁にあった炭甕《がま》のイメージで縦線一本一本を釘で削り、鉄釉を薄く掛けて古色味仕立てにする。タイの仏頭を思わせるような実験的な作品もあって、多彩なバリエーションが特徴。

安田の粘土で焼いた陶器は強度に定評がある。約八百度の炎で十八時間ほど焼いた素焼きに昔ながらの木灰釉を掛け、さらに千二百度ぐらいで再び焼き込む。ぬれたような艶《あで》やかな黒い陶肌はいかにも白木のカウンターに映えそう。あくまでも「生活の中にあってこそ生きる美」を核に「時代を映すもの」をプラスさせているところが、民芸の真髄をキチッと押さえているといえよう。

金津焼《かなづやき》 押味窯《おしみがま》

押味　修

たまたま作家たちの窯場で「やってみますか?」と水を向けられて、ちょっと遊んでみる。土や火と素心で向き合っていると、なぜかスーッと無私の境地に心が解き放たれてくるのが感じられる。このしばしのひとときがたまらない。薪窯の面白さは土と炎が高熱の中で激烈なもみ合いを繰り返した果てに生まれる〈ドラマ〉である。火炎に託す祈りに似た思い。焼き付けられた色は人の力の及ばない火のなせる業だけに、その幻想さは見る人の心を捉えて離さない。

新津石油の里・もみじ園のこずえが障子戸に影を落とす押味修さんの仕事場。古い民家を改造し、登り窯から吐き出される炎が鮮やかだ。同市小屋場の生まれの修さんは定時制・鏡ケ岡高(新潟市・明鏡高)に通いながら新聞社でバイトを続けた苦労人。モノを作りたい一心で益子《ましこ》や有田など全国各地の窯場に足を運んだ後、二十歳の時、佐渡の何代窯へ修業に入った。四年間過ごした後、茨城県笠間の松山典直氏に師事する。松山氏は電話機とかドラム缶などを陶器で作ったり、陶の石にチャックを付けたりする前衛作家。「感性がガラッと違う環境で学べたことがとても楽しかった」と振り返る。松山氏のアドバイスを受け、毎週土曜日に笠間から二時間半をかけて東京・文化学院デザイン科に二年間通った。「色彩のバランスや画面構成などの勉強は今になって生きている気がします」とも。

その後、笠間の老舗、檜佐陶工房に勤務。工房に来ていたメキシコ人と友達になって、メキシコへ

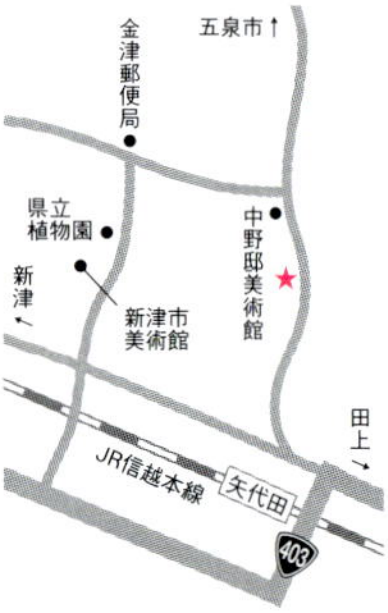

〒956-0845 新津市金津1206
☎0250(24)9543

旅したのもその頃。「やきものの自体は本焼きがないので面白くないが、形がユニーク。一番の収穫は車を借りて昔のマヤ、アステカなどの文化遺産を見て回ったこと。時を超えた文化の重さが心を洗ってくれました」と感動をよみがえらせる。

Uターンしたのが一九八四年。

焼締もみじ紋筒花入（径14cm、高さ37cm）

「竹割式登り窯を作りたかったので」自然の中へ。穴窯から登り窯へ移る中間の窯で、竹を半分に割って伏せた形から、この名前が付いた。窯の中が三部屋に仕切られており、「灰かぶりなど直接やきものに火が当たる部屋、奥には釉薬《ゆうやく》を掛けたものを置くなど作品の自在さが狙える」と語る。

修さんは無所属だが、これまで伝統工芸新作展、第三文明展、日本陶芸展などに入選。現代工芸新潟会展で新潟会長賞やTNN賞、雪梁舎美術館展で奨励賞を受賞。受賞作の一つ「器」は高さ五十センチ、径六十センチの焼締め大深鉢。生地に抽象模様を入れ、赤や青の色違いの土をはめ込む象嵌《ぞうがん》で絵画的処置をしながら個性を醸し出している。

「土味のある温かさを大切にしていきたい」と地元の粘土を水簸《すいひ》して自ら土作りする修さん。「新潟は料理の素材がいいので、器でそうした素材を引き立てたい。私自身、料理するのが大好き。器の工夫一つで毎日の食卓が豊かになりますので」と意を込める。仕事場の一、二階ギャラリーには数百点の作品を展示していて、修さんの全容を見て、触れて楽しめる。何と言っても名所・もみじ園のモミジ紋を付けたトレードマーク入りの作品が「地元色があって好き」とファンが多い。これは生乾きの時、本物の葉を置き化粧土を掛け、シルエットにする。葉脈まで浮き出てくるところがミソだ。

山口　納富子

窯

明治時代、米国ボストン美術館の東洋部顧問をしていた岡倉天心が日本文化紹介のために英文で書いた「茶の本」の中に、千利休が息子・少庵に露地の掃き直しを命じるエピソードを紹介している。「もう木の葉一枚落ちていません」と胸を張る少庵に対し「ばか者」と叱り飛ばし、一本の木を揺さぶって庭一面に色付いた葉を撒《ま》き散らしたという。利休が見据えた眼差《まなざ》しの向こうにある美への執《しつ》拗《よう》さ。

やきものを志す人たちにとって、常に美と自然とのバランス感覚が人一倍求められる。新潟市生まれの山口納富子さんは中央高校から東京造形大彫刻科を出て裸体塑像を手掛けていた。東京・烏山工業高の教壇に立つ傍ら、目黒にある鷹《たか》美術研究所で粘土と格闘していた時に、隣のやきもの教室が「面白そうに見えた」ときっかけを語る。

京都の日展作家で京都市立芸大の藤平伸名誉教授に師事。四年間、清水焼の工場に勤め、修業。「すごい。洋傘の骨をちょん切って、引っかき用道具にする。布切れの凹凸を利用して面白い模様にしちゃう。釉薬《ゆうやく》の押さえどころはさすがで、どういう状態でどんな色が出るのか、よく言われる勘だけでなく体で知っている」

一般に金銀赤緑といった多彩な色を駆使したやきものを総称して色絵という。釉薬を中心に染め付けなど下に絵を描くから下絵といい、赤絵など釉薬の上に絵付けするから上絵と称する。

納富子さんの色絵大鉢には土の持つ温かみがジワッと伝わってき

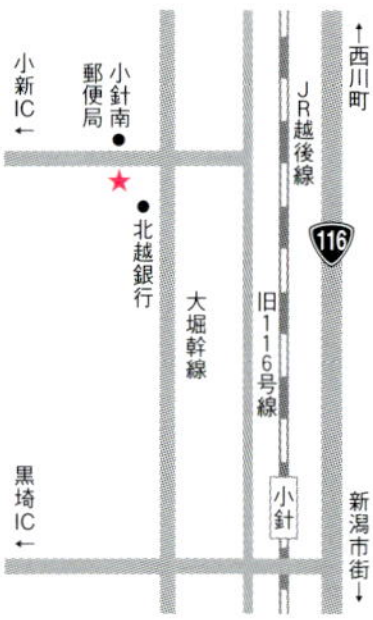

〒950-2022 新潟市小針7-23-14
☎025（231）7421

て心弾ませてくれる。「作品を見てもらっていた藤平先生は『陶芸の条件は〈かたち〉が一番。今感覚で作れ』とおっしゃって、実際の重さより見た感じが軽い陶芸、重い陶芸の、いわば視覚上の質感の大切さを教えていただきました」とうなずく。

「幻想」（幅64cm、奥行き30cm、高さ31cm）

新潟に戻ったのは一九七九年。「ふるさとにもっと熱気が欲しいんだけれど」と言いながらも、小針の自宅前に仕事場を構え、自身のエネルギーを奮い立たせてきた。「初めの頃、すごい変わったオブジェを作っていた。白釉薬を使い、顔料を塗ったり、吹いたり、削ったり。ブリキに針金を巻いて押し付けたり…」と。

テーマは自然。初めて日展入選した「森に入りて」は高さ二十センチ、幅七十センチの横長なオブジェ。手びねりで、白地に手製の型を粘土に押して模様を出し、自然に木々の語らいが聞こえてくるような仕上がり。

県展賞を受賞した「冬・回想」は高さ二十五センチ、幅七十センチ。半磁器にブルーの顔料を加えたものを横長な円筒形にし、さらに濃いブルーの土で部分的に象嵌《ぞうがん》したあとに金属板に針金を巻きつけたのを押し付け、切り株のイメージに作り上げた。独特の滴るようなブルーが〝天の青〟として自然への畏敬の念が生んだ奥深い表情を見せてくれる。

納富子さんの飽くなき〈かたち〉の追求。自然からアイデアを頂き、自らの生活の中から生まれた形を美意識にまで高めていく執念を仕事場にみる。日展八回入選をはじめ、日工会展高島屋社長賞、県展奨励賞、県展賞も受賞。「美しいものを日常生活に」がモットー。主宰する陶芸教室では三々五々訪れる三十人余の生徒たちの声が弾んでいる。

松郷屋焼《まつごうややき》 濱窯《はまがま》

田中 青磁

弥彦参りに出掛ける家族連れの車がひっきりなしに行き交う巻町鷲ノ木、通称新潟―寺泊線に面して、田中青磁さんの仕事場がある。以前、角田山の麓《ふもと》に借りていた工房が手狭になったため、伴侶《はんりょ》の濱子さんの実家の一角に新築した。約二百平方㍍の自宅兼用の創造空間は、地元の杉を使った太梁、高い天井、壁も床もすべて木で仕上げた贅沢《ぜいたく》なぬくもりが素敵だ。

　入り口を入るとまず轆轤《ろくろ》を挽いている青磁さんがいて、壊した蔵の扉で仕立てられた茶台でお茶を頂くと心がゆったりとしてくる。「じかに仕事ぶりを見てもらうことで私の作品の内容を知ってほしいし、職人仕事の素晴らしさを感じてもらいたいんです」と意を込める。

　青磁さんは愛知県瀬戸市出身。県立瀬戸窯業高校卒。上京したが、「轆轤師の親《おや》父《じ》に習おう」とUターン。窯業訓練校でデザイン、絵付けを本格的に学んだ後、本場、赤津の窯元・三峰園に就職。仕事の合間に釉薬《ゆうやく》の調合に没頭した。「幼い頃から、いろんなものを見て育って、目が肥えていたんでしょうね。やきもののもつ独特の深さが自らの心の底にある思いと共鳴。釉薬は教科書だけでは身に付かない。例えば油滴天目。あれこれデータをとって、目指す油滴にはどういう釉薬がいいか推論していく。いろいろ実験を重ねていると艶《つや》消し釉のいい味が生まれるなど副産物に自分の予測を超えたものが出てくるんです」と面白がる。

　巻町へは「息子が気管支の過敏症で転地が必要になって」と一九

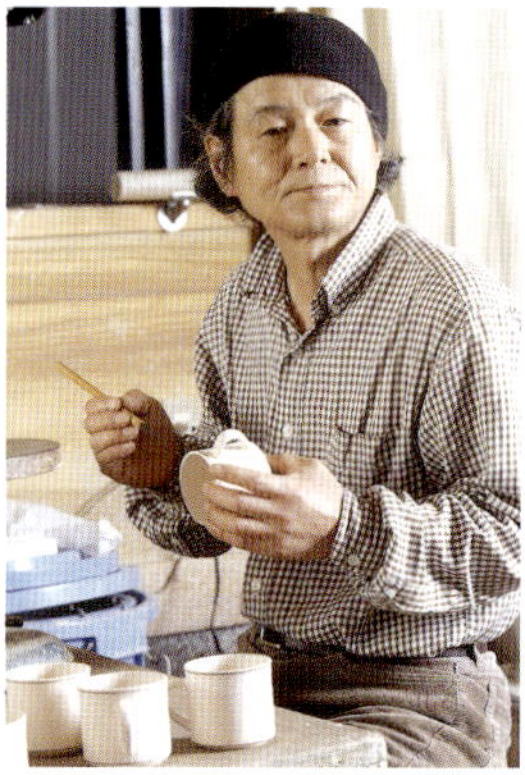

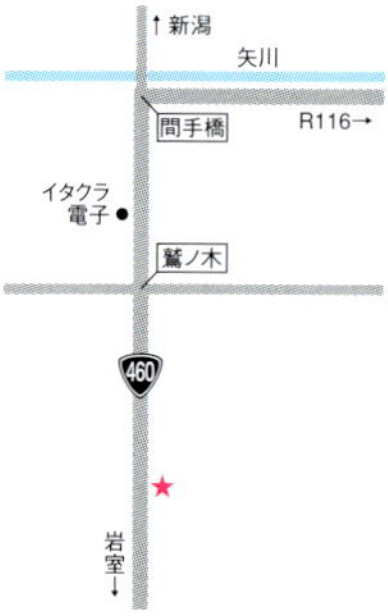

〒953-0072 西蒲原郡巻町鷲ノ木664-3
☎0256(72)8376
http://www6.ocn.ne.jp/~hamagama/

七九年にやってきた。この辺りは江戸末期、三根山藩の御用窯として作られた松郷屋焼があったところ。北海道に運ぶしょうゆや酢、焼酎《しょうちゅう》などを詰める容器、徳利《とっくり》を主に生産しており、明治期には角田山の麓を中心に十カ所の窯元があった。そうした地域の歴史を大事にしたいと「松郷屋焼の名を継いだんです」と意気込みを語る。

油滴天目水指（径19.5㎝、高さ17㎝）

青磁さんの作品の特徴は天然灰作りにある。松や欅《けやき》、田面木《たもぎ》、栗などの灰を、石臼《うす》を使って杵《きね》でつき、水を入れて、砂と純灰に分けてこす。「釉薬を常に自分で作るのは何よりもオリジナリティーを大切にしたいから。何を使っているかがすべて自分で把握できますから」と。

青磁さんは織部、黄瀬戸など多彩な技法をこなしながら、その伝統を自分なりの個性に置き換え、新たな命を吹き込もうとする。油滴、禾目《のぎめ》などの天目はライフワークである。県展や朝日陶芸展などへの出品作品は白マット釉を使い、吹雪後の雪の紋様を直径五十㌢の大鉢に表現する。黒く発色した鉄釉の天目の中でも、油滴の斑点《はんてん》が細線となって流下した禾目天目や、銀色の小さな丸い斑点がびっしりと浮き出て美しい油滴天目に創作心を傾ける。日常使う雑器には渋い青鼠色の地にトンボや秋草など身近な自然が舞っていて面白い。

そういえば彼の名前は「よく聞かれるんですが本名です」と笑う。「親父に轆轤を習っていた時に『土は押せば伸びる、土に逆らうな』と言われた言葉を常に思い起こす」と青磁さん。素地にクロムと鉄を混和して焼いた仕込み青磁を試みて名を残した加藤繁十氏が大祖父に当たり、「私の名前もそこから」とさりげなく言う。もって生まれた血が、やきものへの闘志をかき立てるのかもしれない。

米澤隆一《よねざわりゅういち》陶房《とうぼう》

米澤 隆一

その昔、傷ついた雁が湯浴びをしたことから「霊雁の湯」とも呼ばれる岩室温泉で、老舗の格式を誇る高志の宿・高島屋は二百五十年の庄屋屋敷を利用した純和風の旅館。そこのギャラリー竹亭で開かれた米澤隆一さんの陶芸と、東京友禅の手描き作家・生駒暉夫さんのコラボレーションは小さな？展覧会にしては一週間で一千人余が訪れるといった大きな反響を呼んだ。

私は依頼されて最終日のファイナルショーで「新潟のやきもの」についての講演を行ったが、米沢人気に煽《あお》られた格好で、竹林からの涼しげな葉ずれの音を聞きながら、しばし〈時〉が止まった贅沢《ぜいたく》さで、ひと味趣の変わった催しも「なかなか」と思わず手を打ってしまった。

新潟市生まれの隆一さんは骨のある男である。隣町にあった仕事場の前に原発道路が予定された時、「許せない！」と、さっさと窯場を代えたほど。新潟高校時代は「ほとんど映画ばかり見ていた毎日だった」ので、受験戦争に見切りをつけて中退。「何をしようかと悶々《もんもん》としていた時に千葉の陶芸家で日展評議員の山本正年氏を紹介されて、すぐに飛びついたんです」と振り返る。

「自分の意志とは違うものができる窯変というのは厳密な意味で失敗である。偶然に頼らないで自分のイメージ通り創《つく》っていかなくてはいけない」と語る師の言葉を今も胸に刻む。住み込み先は房総半島の内房。厳しい徒弟制度の中にドボッと投げ込まれて、洗礼を受けた。

修業中、何一つ自己主張が許さ

〒953-0104 西蒲原郡岩室村岩室725-3
☎0256（82）5862

れず、すべてに我慢を強いられた生活に反発。「最近の先生は甘い。売らなきゃならん主義は誤っている」なんて置き手紙して飛び出したこともあったが、「若かったから純粋だったんでしょう。でも先生から戻って来いと言われて…その愛がうれしかったですね」と。

十年間学んだ後、Uターン。

「師の傍らで権力闘争など美術界の裏側の汚らしさを常に見続けてきたから、自分が独立したら、どこへも属さないと宣言してきた」ので個展を中心に活動を続けてきた。アメリカ・オレゴン州ポートランド市で個展を開いたのが一九八七年の秋。「ポートランドで日本庭園を手がけていた友人の造園師の所へ遊びに行った時、声がかかって…」。何事にも動じない隆一さんだが、外国で、それもアメリカという異文化のど真ん中での、この初体験で人間をひと回り大きくした。

作陶の姿勢は、あくまでもオーソドックスでシンプルな型の中に「品格のあるものを求める」。最近はリンゴ灰釉《ゆう》と銅釉の掛け合わせによって生み出された辰砂《しんしゃ》の赤を使いながら、型は轆轤《ろくろ》仕上げに一手を加えて、ありきたりからの脱皮を図る。あくまでも意匠的表現を色濃くにじませて独自な個性につなげているのが特徴。それが壺《つぼ》なら「辰砂抜文焼〆扁壷」という。

私自身は最初に酸化鉄の入った天目釉を掛け、その上にブドウ灰を混ぜた釉薬《ゆうやく》を吹き付けて焼く「雪華天目」に心惹《ひ》かれる。つまり下地の天目と上のブドウ灰の収縮率が違うので、割れ目の下から黒色がにじんできて、微妙な紋様が降り積む雪の感じに仕上げられていて、それに雪国の風土の匂いを感じるからである。

「雪華天目花生」（径27cm、高さ32cm）

村木 正廣

牛蹊窯《ぎゅうけいがま》

春の山は笑い、夏の山は緑滴り、秋の山は装う。そして冬の日本海からの風が角田山の雑木林をくぐり抜ける時、地の底からのうめき声にも似た凄《すさ》まじさが響き渡って、一瞬、忘我の境地に至るほど豊かだ。村木正廣さんの仕事場の周辺には地ビールの「エチゴビール」や、ワイン蔵「カーブドッチ」、足を延ばせば「ロマンの泉美術館」といった女性たちの人気スポットが点在している。

新潟市生まれの正廣さんは明訓高校卒業後「〝不良〟していたが、とにかく職人になろう」と京都へ。陶磁器専修校に入り、一年間学んだ後、前茶黄檗陶匠・井上春峰氏に師事した。「私にとって、なぜか徒弟制度の色濃いやきものの世界がとても波長が合った」と言う。

京都・泉涌寺に陶房を持った。天目、青磁を中心に釉薬《ゆうやく》の研究に没頭。「一つの茶碗《わん》の中に歴史があり、地理があり、数学などもあり…茶道も美術のセンスが必要だし、釉薬は化学だから細かな計算を必死にやった」と振り返る。

「冬、雪に閉じ込められて制作に没頭できれば…」とUターン。戻った先が東蒲原郡津川町。空家になっていた古い料亭を借りて、そこで始めたのが「道なき道をつける」という意味の牛蹊窯。文字通り新しき道を歩み始めた。

ひょんなことで三川村から「村おこしに協力してほしい」と請われて創《つく》ったのが、「陶芸スタジオみかわ」。温泉が湧き出た脇だったため、観光客相手の特産品づくりや陶芸教室を開いて人気を呼んだ。九年間いて実績を残し、角田

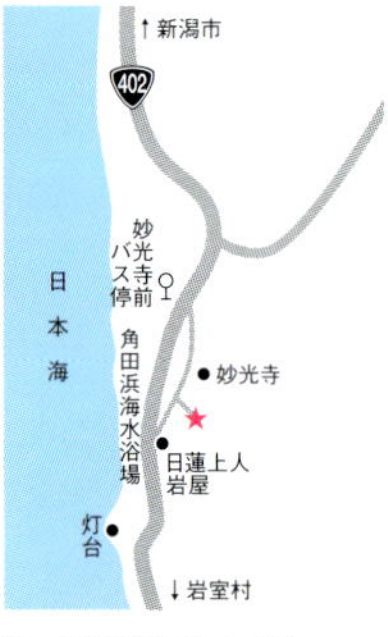

〒953-0011 西蒲原郡巻町角田浜405
☎0256(77)2465

朱釉鉢（径18cm、高さ8.5cm）

山の麓《ふもと》に移ってきたのが一九九一年。ギャラリーを併設した約二百二十平方《メートル》の仕事場には電柱のような太い梁《はり》が天井を走り、釉薬の灰づくりの必要もあって、焚《た》かれた薪《まき》ストーブが懐かしい。

「私は最初、中国宋の時代の天目と青磁に心惹《ひ》かれた。窯変天目の再現をする途中で、何度か面白い拾い物をしてきている。それが楽しくって、この道をやめられない」と微笑《ほほえ》む。

正廣さんは〝色〟に人一倍こだわりを示す。「黒にはすべての色彩が閉じ込められている緊張感がある。釉薬が掛けられた薄いガラスの闇から光と色彩が今まさに解き放たれようとしている、そんな時空をのぞき込む思いで、仕上がった黒に玄耀天目と名付けました」と解説する。

例えば虹彩油滴天目の小鉢には金や銀が散りばめられていて鮮やか。辰砂《しんしゃ》変形角皿には、単に辰砂の赤とだけでは言い切れない微妙な質感がにじむ。

このところ新たな色にも挑戦。目指したのは漆の赤。「銅の釉薬に二、三、味付けして、遊び心なんだけれど、ものすごく抹茶とマッチする、ン？ そう、闇《やみ》に映える血の色とでも言ったらいいのかナ」と正廣さん。

修羅場においては人を焼き殺すほどの激しさを内面に持ちながら、表面は菩薩《ぼさつ》のような穏やかさを見せる、文字にすれば内面夜叉《やしゃ》の如《ごと》し的色合い。作り手の内側で息づく人間性への激しさ、火炎の祈りとでもいうのだろうか。正廣さんの赤の陶肌は茶道の人たちの評判がいい。

最近、正廣さんが頬《ほお》を緩めるのは息子の至園さんが共同で穴窯を造ったりして、いっしょに仕事場にいるからだ。長年の夢の一つが実現したに違いない。

久賀美窯《くがみがま》

解良 正敏

　首都圏での新潟の情報発信拠点になっているのが東京原宿・表参道にある新潟館ネスパス。一九九七年に開館して以来、さまざまなイベントを打ち上げてきた。ここで私も何回か頼まれてトークライブをしてきたが、「新潟・工芸作家展　暮らしの中のたからもの」をテーマに人間国宝の伊藤赤水さんとトークした時に、解良正敏さんを含めて十七人の県人工芸作家たちの作品が展示されていて、特に正敏さんの作品は初日から売約済みで話題を集めていた。工芸品が特定の人たちのモノでなく、用と美を備えた暮らしの質を高め、心を豊かにするモノとしての生活者の視点に立った作品が紹介されていて、正敏さんの盛り器は都会人の心をピタッと惹《ひ》きつけたに違いない。

　正敏さんの仕事場は分水町良寛の里、大河津分水からの川風が松林をさわやかに吹きぬけていく国上山の麓《ふもと》にある。土地っ子である。新潟大学医療短大診療放射線科を卒業して、エックス線技師として病院勤めしたものの、「どうも自分には合わない」と一カ月で辞めた。たまたま手にした新聞に「やきものの修業話が載っていて、ん？　と興味をもったんです」と。

　昔ながらの技術伝承を目的に作られた佐渡相川の北沢窯で三年間、「今は亡き清水文平さんについて轆轤《ろくろ》を挽いた」。その後、岐阜美濃市で茶陶器一筋の加藤光右衛門氏に住み込みで師事。「織部、黄瀬戸、志野といろいろある土の吟味から始まって、同じ白い土でも焼き上がりが微妙に違う陶肌があって、その土に合った釉薬《ゆうやく》を見

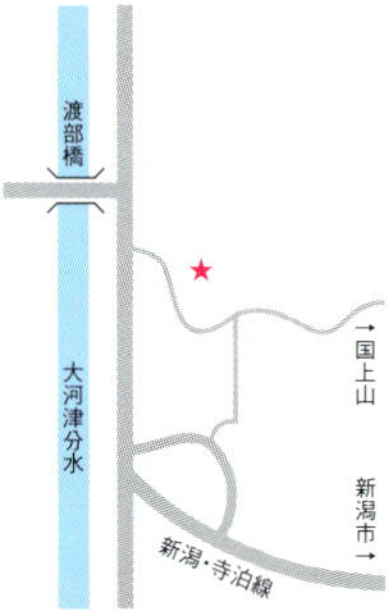

〒959-0136 西蒲原郡分水町国上3489-13
☎0256(98)2434

三彩　鉢（径18cm、高さ5cm）

つけるのに苦労しました」と振り返る。知識を集積するために試みた膨大なテストピース作り。「六千枚くらいは作ったかな。透明釉に酸化銅で色付けする織部は含有量五、六％で緑色になる。長石は産地で成分が違うし、土灰といっても藁《わら》灰、栗皮灰などいろいろな種類がある。窯焚《た》きだって燃料と空気の操作でまるっきり発色が違ってくるから、どうやって自分の個性を掴《つか》み取るか」と心に闘志を秘める。

八五年にUターンして開窯。国上寺の庫裏に掛かっていた良寛の「久賀美」の文字を窯名に頂いた。長年「産地を離れて自由な発想ができる」と織部を中心に手がけてきた。一部に緑釉、余白に鉄絵を付けた青織部。刻線や浮彫紋様の上にすっぽりと緑釉をかけた総織部。白地に鉄絵だけの志野織部。白土の上に緑釉を掛けた部分と、赤土の地肌を出した部分に絵付けを施し、コントラストを付けた鳴海織部。赤土の素地に鉄絵の赤織部といったふうに自在な意匠が楽しい織部焼。

これまで伝統工芸新作展、使ってみたい北の菓子器展、現代茶陶展、日本伝統工芸展などに入選。日本陶芸展に入選した「織部釉掛分六角鉢」について「黄瀬戸でありながら、織部の釉薬と同じ艶《つや》を出すため、調合を変えて掛け分けし、古色だけれども古さを排す自分なりの妙味を出すのに成功したんです」と自己分析する。最近は三彩にこだわりをみせる。「三彩は昔からあるものの、低火度釉で土が柔らかかったため日本では普段使いが無かった。私は高火度で焼いていますが、鮮やかな色出しに苦労してます」と言うものの、形にしろ、色にしろ奇をてらわず、それでいて自分の個性を主張しているところがしなやかだ。

小魯鬼窯《おろきがま》

高橋　裕雄

「分け入っても、分け入っても青い山」—種田山頭火の歌に感動し、自由奔放に放浪生活をしたいと、人は一時期根無し草のような〝旅人〟に憧れるのかもしれない。新潟市の黒埼に生まれた高橋裕雄さんは専門学校を卒業して、サラリーマン生活を過ごしていたが、ある時、ブラリと日本各地の美術館ややきものの産地への旅に出た。二年半かけて北海道から九州種子島まで見て回った。

　唐津の陶芸家・中里隆氏の所で窯焚《た》きを手伝ったり、益子《ましこ》では浜田庄司氏から「流し掛け」の微妙な呼吸を学んだりした。「大作家といわれる人の作品には自らを燃焼し尽くす人生とイコールで結びついているすごさがあって…」人々との出会いと仕事にかかわる密度の濃さで「あっという間の放浪の旅だった」と思い出す。

　新潟に戻って、まず鳥屋野潟近くに登り窯を築いた。結婚して白根市に移り、国道8号からちょっと入った所に仕事場を構えた。白壁に太い梁《はり》、広々とした土間が訪れた人たちの心を和ませてくれる。

　窯は自分で実験的に開発した灯油窯だが、下部分を別室にして煙道を通常より大きくし、焼締め、素焼きができるように工夫。ガス窯では塩窯用のパーツを連結したり…、いろんな型の窯を手掛けながら、「どういうレンガの組み方をすると、どうなるかが分かってきた」と語る。小魯鬼窯の名は十九歳の時、台北の故旧博物館で見た「魯の国の大公の書の素晴らしさが忘れられず」と、一字頂いたという。

〒950-1201 白根市大通1-8-23
☎025(379)2794

「素材は県内産で賄いたい」というのが裕雄さんの基本姿勢。土は安田や村上から取り寄せ、長石や硅石《けい》などの採石で越後金丸へ出掛けることもしばしば。土を水で洗わず、掘ったままを使っているのが裕雄さんのやり方。「小さい石が残っているから、ゴツゴツ感があって、それが私なりの味です」というだけあって、陶肌の手触りが何とも言えない。

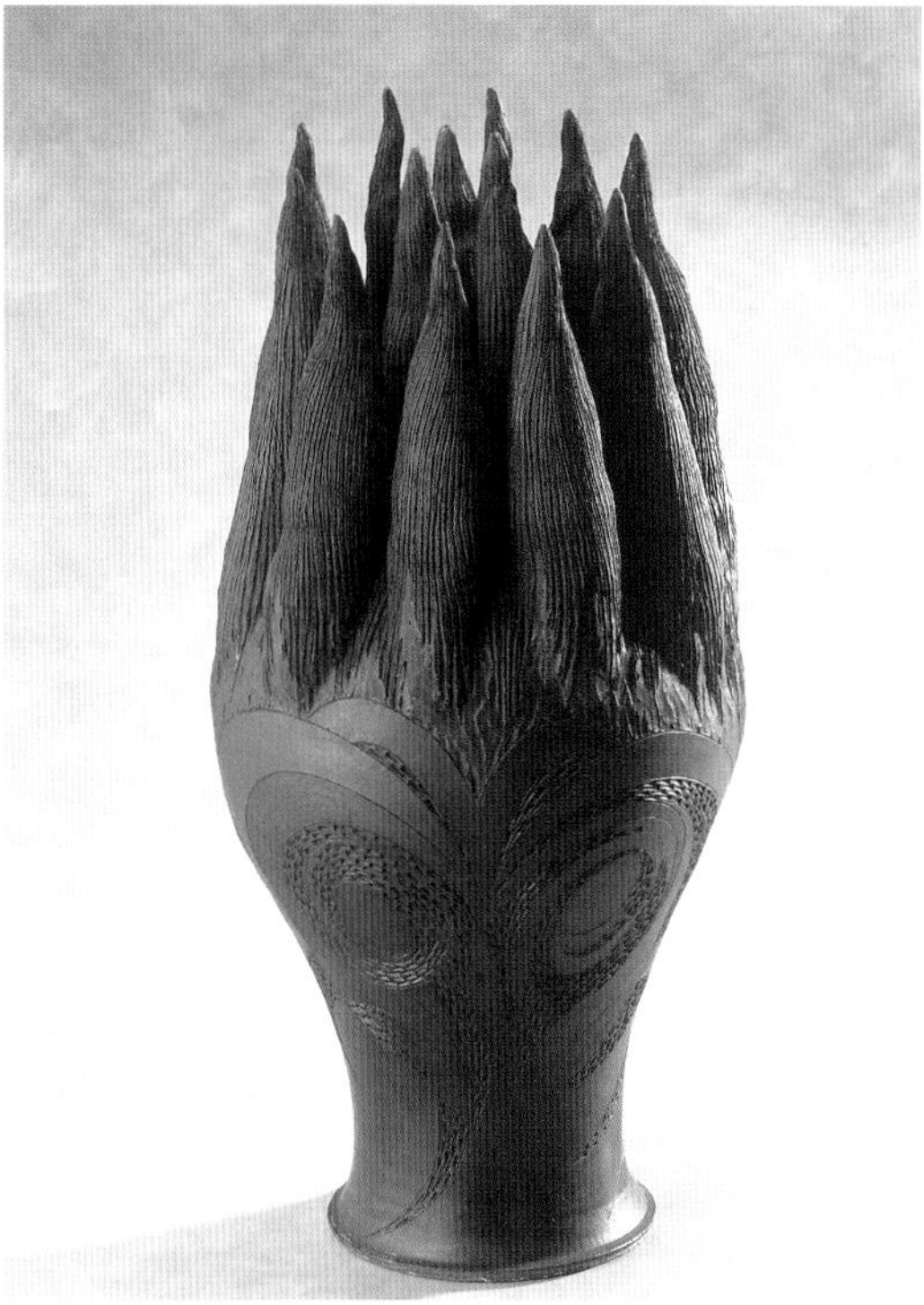

バサラ（径30㎝、高さ85㎝）

　若い頃、裕雄さんは「二十一世紀の縄文人」をテーマに取り組んでいた。古くは越の国と呼ばれ、やきものの原点である火焔土器が作られ、縄文文化が華々しく花開いた土地柄である。「これまでわれわれが切り捨て、忘れてきた自然との一体化した感覚を、自分なりの再生で手掛けたかった」と意気込む。

　そして現在、日用雑器に終止符を打って、心象としての〝仏像〟をモチーフにした陶像作りにエネルギーを燃やす。これまで各地の国宝級のご開帳には必ず足を運んできた。手掛けるものは高さ一㍍二〇㌢くらいの大きさに作り上げ、周りをレンガで積んで、窯を築いて直焼きする。創作活動はこれにＴＡＫＩ（瀧）シリーズが加わって忙しい。虹のカーテンと呼ばれるパラオのガラスマオの瀧を見てきた。キリマンジェロに出掛け、アフリカの瀧を見る計画も浮上してきたからなおさらである。

　ヨットやカヌーが得意の海の男、裕雄さんは自分で設計したカヌーを二十艘《そう》も所有している。その父親の血をひいた息子の素晴さんが十四歳の時、太平洋をヨットで一人横断したことがある。あの時は新聞をにぎわせた。裕雄さんの生き方を見ていると「挑戦」という言葉がよく似合う。それも「あくなき」と添えて。これからの新たな挑戦に期待したい。

星野 貴代

工房《こうぼう》UNN《うん》

演劇実験室「天井桟敷」を主宰し、既成の概念をぶっ壊していた詩人で劇作家の寺山修司さんを取材したのはちょうど高度成長期の真っただ中だった。印象的だったのは、非常に冷めた目でバブル崩壊後の「土に帰る」ことを予測したこと。あの時の雑談で人間の癒《いや》しに触れ、粘土の持つ触感の不思議な魅力を聞かされたことが、なぜか強く心に残った。

　新潟市生まれの星野貴代さんにとって、「エッ、こんな世界があるの！」とショックを受けたのが、大学時代の初めての粘土の触感体験だったと言う。北海道の道都大学美術学部で教職の単位に必須科目の陶芸があって、たったの一工程、湯呑《の》みを作っただけだったが、「人生が変わった」。卒業後、一年間「陶芸」研究生として大学に残った。

　といっても、それからが大変。電気窯や電動轆轤《ろくろ》など道具一式はそろってはいたものの、肝心の教えてくれる先生は月に一回やってくるだけだったから、かなりの部分は本を読みながらの独学。たまたまバイト先の「札幌陶芸」で研究情報を仕入れ、バイト代の替わりに粘土をもらって創作活動に没頭した。

　新潟に戻ったのが一九九八年。新潟北高、豊栄高、阿賀黎明中の美術非常勤講師を掛け持ちしながらの作陶生活が始まった。「もっとレベルアップを」と思っていた矢先、たまたま陶芸家の佐藤公平氏の新潟での陶芸教室を知って応募、その後も紫雲寺の五鬼原《ごきげんよう》窯へ毎日のように通った。まずは轆轤での皿作り。くる日もくる日も

〒950-1331 西蒲原郡中之口村大字東中642
☎025(375)5773

作っては壊し、壊しては作り…次に湯呑み、花器、壺《つぼ》といった具合にいろんな形を学んでいって、「徳利《とっくり》に時間が掛かった」と振り返る。

　竹林の美しさに魅せられて購入した二百四十坪の敷地に、作業場を増築して中之口村に開窯したのが二〇〇一年。貴代さんは主に日用雑器を手掛けてきたが、初めの頃の正攻法的やきもの作りから、かなりクラフト要素の強い、それも破天荒な「ふぞろいな器たち」の独創性に力点を置いてきている。

　例えばロウソク立て。半磁器土をある程度の大きさにちぎって、平らにし、ヒビを作り、たたいた上で、ひも作りで裏に〝足〟を、表には台を付けて素焼き。グリーンの化粧土をヒビにすり込み、さらに透明釉《ゆう》をのせて、ふき取り、本焼きする。半磁器の白さの中に、ひび割れたグリーンの紋様がにじんでなかなか個性的。

燭台（幅21cm、奥行き8cm、高さ27cm）

　面白いのが台皿。赤、白、グレーの土を適当な割合に混ぜ込んで、たたいて、三角、四角、丸などにし、その下位部分を糸で削って足を作る。スポンジで軽くたたくように釉薬を掛けて本焼きする。ドデッとした陶形が何とも言えずおかしい。裏にUNNと印す。愛称が「うんちゃん」だからだ。

　線象嵌《ぞうがん》の紋様が、いかにも貴代さんらしい。「その時々の心の風景を刻むんですが」と言うが、雪だるまのようだったり、数字が並んでいたり、涙が飛んでいたり、ウサギや猫がいたり、月や星が散りばめられたりして、子供の落書きのようにかわいくて、面白く、しかも深い。「私の器は重ねられないので使い勝手がまるで悪い」と笑うものの、ファンも多く、「大好きな模様なので大事に使っています」とファンレターも届く。

臼杵 凡丹

凡丹窯《ぼんたんがま》

　演歌が振るわない中、何気なく耳にした石川さゆりが歌う「おりん瞽女《ごぜ》うた」が心に沁《し》みた。だいぶ前になるが高田瞽女の連載を手がけたことがある。三味線を弾き、瞽女唄を唄いながら歩いた頸城野の瞽女道をたどった。彼女たちが住む雁木が連なる家で、最後の親方・杉本キクイさんに話を聞いた。

　遠い日の記憶を最も鮮明によみがえらせるものは人によってかなり違うものだが、キクイさんは食器の触感をあげた。「瞽女宿に泊めていただいて頂く食事の時、陶肌に触れた手の感じは、歳月を経ても忘れないんですね」と。やきもののもつ〈重さ〉とでもいったらいいんだろうか、目の代わりに手の触感が心に写し取る、その気迫を感じた。

　何気なく手にしたやきものの、その形から醸し出される静なる主張に人は心ひかれる。「身近な存在だからこそ、心したい」と臼杵凡丹さんは自らに言い聞かせる。生まれは佐渡。旧真野町である。島の高校を卒業して、上京。二十七歳の時、陶芸の道へ。

　無名異の窯場で四年間、栃木県の益子《ましこ》で二年間学んだ。「技術はもちろんだが、それ以前のやきものを生業とするにあたっての心構えみたいなものをじっくりと学べたことが良かったですね」と振り返る。

　新潟に戻って弥彦村で独立した。四年経った頃、工房を訪れたある会社経営者との縁で、三条市に移り、さらに八年後、山間に工房と住居を兼ねて仕事場を改めた。細く幾分急な山道を登ってた

〒955-0024 三条市柳沢1886-78
☎0256(38)9385

どり着くと、そこには四季折々の花々が美しく、訪れた人たちの心を自然と和ませてくれるのがいい。

凡丹さんの作品は轆轤《ろくろ》目を入れた民芸調の日用雑器もいいが、磨かれた感性で勝負するオブジェが性格を反映して明るく、なかなか面白い。天空の命に想いを巡らした「宇宙の生命進化」はひもづくりで、まるで火星人？がのたうち回ったよう。

これまでのオブジェはブルーや赤、黄色などの光沢ある色合いが華やかに散りばめられているが、この作品は白、それもニュアンスの違ういろんな白を駆使して、表面には松の幹のゴツゴツした荒い陶肌を剥《む》き出しに見せ、実利的機能がまるでないというところが挑発的だ。

作品の基底には「若い頃には思いを馳《は》せることもなかった佐渡の風土が、知らず知らずのうちに反映しているのかもしれない」と言い、ヨーロッパを旅した時に感じた「石造りの町並みから受けた文化的刺激もぬぐい去れない」とひもとく。

創作にあたっては、高校教諭で平安朝女流文学の研究家である奥さんの千枝子さんが良きアドバイザー。妥協を排し、「陶芸の枠をはみ出して、科学や歴史などに学びながら、自らの領域を広げていきたい」ときっぱり。あくまでもあまり人が手がけていないような異色な造形にこだわり、個性を培っていきたいと意気込む。

日本現代工芸会新潟会に所属し、日本工芸美術展や芸展に入選、現代工芸新潟会BSN賞なども受賞してきた。

最後に。聞きなれないペンネーム〝凡丹〟の名は？「すべての赤土を真心で、という意味です」と言う。本名は三喜廣。凡丹さんの作陶の心でもある。

「宇宙の生命進化」（幅40cm、奥行き25cm、高さ75cm）

土生田焼《はにゅうだやき》

石田 一平

陶芸家の間ではすでに〝伝説の人〟になっている故浜田庄司氏が「伝統とは地下水のようなもの」と語ったのは有名だが、それを掘り抜いて初めて自分の手に新鮮な湧水をくみ上げることができるというわけか。元首相の細川護熙さんを湯河原に訪ねた時、「一個の茶碗《わん》が安土桃山時代の頃は一国一城に匹敵したともいわれています。やきものの中で惹《ひ》かれるのは、やはり茶碗ですね」とおっしゃったのが、千利休の高弟・細川三斎を祖先にもつ細川さんらしかった。

　その点で石田一平さんも茶陶器専門に轆轤《ろくろ》を回すこだわりの人である。その姿勢は「常に作る自分の思い入れとともに、使う人の目を借りて作陶にも心を砕きたい」と気配りを示す。

　仕事場へは新潟から車を走らせて、JR田上駅手前、湯田上カントリークラブ入り口の看板を見やりながら、国道403号を左折、山手に向かう。そんなに太くない道を分け入ると、二〇〇〇年に建てられたコンクリート打ちっ放しの工房兼ギャラリーが目に入る。非常にモダンでシャレた建物である。「どうです、山の中にあって心地よいミスマッチを狙ったんですが」と出迎えた一平さんが笑う。

　窯は土生田焼と書いて「はにゅうだやき」と読む。一九六六年に初代、父親の甚五郎さんが築いた。加茂暁星短大（現新潟中央短大）卒業後、初代に弟子入りしたが、二十六歳の時、師匠が胃がんで亡くなった。父と関係のあった京都の陶芸家たちのところへ香典返しに行ったら「私の今後を心配

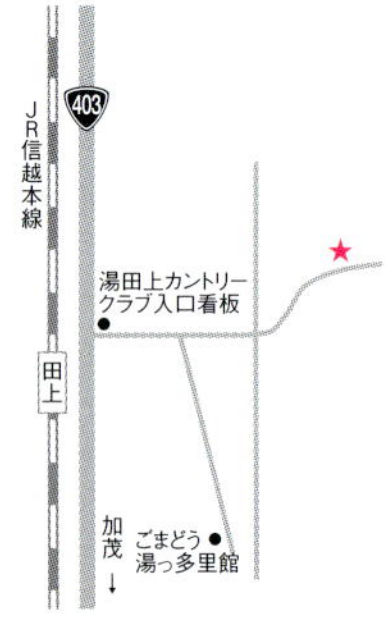

〒959-1502 南蒲原郡田上町田上乙1675
☎0256(57)2566

してくれて、そのまま京都工業試験場に入ったんです」と振り返る。

京都工業試験場は全国から陶芸家の後継ぎがやってくる作家の養成所である。「まず自分の研究室が与えられ、縄文土器からファインセラミックスまで、その作られた時代背景から実際の作品作りまで、何でも自由にやらせてもらいましたね」と楽しんだ。

「釉薬《ゆうやく》を二万種類以上も作りました。色はいくらコンピューターで計算しても最後は人間の感性で決まると思います」ときっぱり。三年間いて「作家としての考え方を学んだことが一番の収穫だった」と言う。

田上に戻ってからは先代が専ら手掛けていた茶陶器を継いだ。茶陶器は茶道という日本独特の文化が生んだものだけに雅致の深い、わびさびを踏まえた味わいが求められる。抹茶碗は縁の厚さと高台の大きさ、手にした時の上下の微妙なバランスが命である。「京都のお茶席によく出させていただいていましたから茶陶器の難しさは人一倍知っているつもり。人間の手はそれぞれに違う。その手に使われるわけだから、大ぶりに作る場合は軽めに、小ぶりではちょっと重く…要は重く見せて軽く作りたい。一点ものですから、ひと窯に三百点入れても満足いくものが一割あればいい方なんです」と妥協を排す。

趣味性の高い、用途も形も凝った器を作り続けてきた一平さん。クラシックな灰釉を使って艶《つや》の無い白いボディーに、鉄とマンガンの釉薬で黒銀のメタリックな縁取りをした「銀彩白釉」の茶碗など多彩。「どうやったらお茶がたてられるか分からないようなオブジェっぽいものなども試みたい」と、挑戦への意欲は衰えを知らない。

銀彩白釉水指（径18cm、高さ17cm）

湯野川 誠行

兎工房《とこうぼう》

私の新聞記者時代は人に会って、原稿に仕上げ、また人に会って…とバタバタ繰り返してきた。そうした日々の積み重ねがスクラップ五十五冊を超えたが、ふとした時に、取材で一度お会いしただけなのに「どうしているかな」と思い出す人がいる。相手の人柄なんだと思う。

　湯野川誠行さんに初めてお会いしたのは随分と前になるが、初夏の頃、竹林とミョウガ畑が広がるのどかな田園地帯にある仕事場から顔をのぞかせた、さわやかな笑顔が印象的だった。

　千葉県富津市生まれで徳島大工学部卒の誠行さんは消波ブロックの設計施工会社へ就職。一年間勤めたが「自分向きじゃないな」と辞め、あちこちの窯場を巡った。瀬戸で修業していた妹さんの紹介で日展作家・故杉浦芳樹氏に弟子入りした。二十七歳の時である。

　毎朝、仕事場へ行き、並べられた素焼きにハタキをかける。「つい単調な作業なのでバカらしくなると、『創作はほんの一瞬でしかないんだ』と先生の声が飛んでくる。そこに至るまでの時間のかけ方が大切であることを体で学びました」と思い出をひもとく。

　五年間師事した後、釉薬《ゆうやく》の研究を深めようと工業技術院名古屋工業試験所へ。「朝から晩まで鉄を発色材として使用する釉薬のテストピース作りを試みた。今は全部科学分析されていて、業者に頼むと何でも作れるんですが、私自身は自然のものから作りたい。不純物が多く含まれている自然灰の方が釉薬に力があることが分かりました」と納得済みだ。

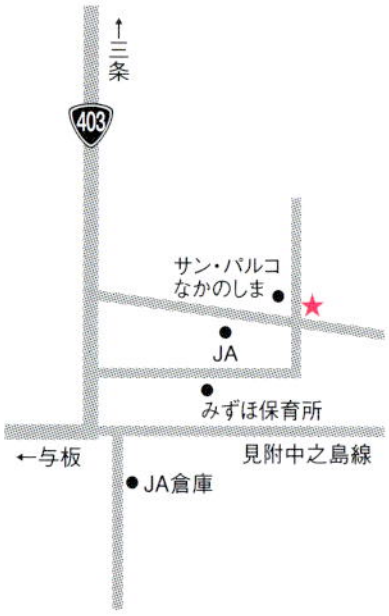

〒954-0174 中蒲原郡中之島町中野中甲1676
☎0258(66)6734

（左）白磁線刻水指（幅20cm、奥行き20cm、高さ15cm）
（右）白磁面取香炉（幅10cm、奥行き10cm、高さ11cm）

たまたま技術試験所が海外技術援助をしていた関係で、ヨーロッパへ研修に。イタリア中部ファエンツァにしばらくいた。やきもののメッカで国際陶芸祭が開かれるところ。有名なカウロ・ザウリ氏の工房などを見て回り、そこで世界各国から来ている陶芸家たちといっしょに語り合った。

連れ合いのお姉さんが長岡に嫁いでいた縁で中之島町に開窯したのは一九八五年。師の兎月窯から一字頂いて兎工房と名付けた。

誠行さんの作品は初め、三島手、粉引《こひき》といった茶陶器を作っていた。細やかな象嵌《ぞうがん》文を主体に、灰色の素地に印花文などを施し、白土で化粧掛けした後、透明釉を掛けるといった三島手。刷毛《はけ》を使わずに器を厚く白化粧を全面に施し、透明釉を掛けた粉引。古くから日本の茶人たちに好まれてきたものである。その後、仕事の主体を磁器に移した。

端的な表現をすれば陶器とは陶土を主原料にした土器であり、磁器は陶石を用いた石器である。陶器に比べて磁器が硬質な感じを与えるのはそのせいである。

磁器は「シンプルさがベスト」をモットーにする誠行さんの感性にピタッと合った。「模様を入れるにしても透過性のあるやり方でゴテゴテした露骨さを排したい」と言い、無色は形と釉調だけで勝負する。ごまかしが利かないために作り手の力量が裸にされる。そこが妙味あるところといえよう。

これまで仕事の傍ら中越地区の保育園、小中学校に頼まれて総合学習で子供たちと一緒にやきものを作ってきた。「目をキラキラ輝かせて土と触れ合う子供たち。純心なんですね、反応はすごいですよ」と目を細めた。

石川　満

雪華庵《せっかあん》

常々陶芸家の仕事場を訪れて思うことだが、やきもの作りには化学的才能が伴わないと感性だけではものにならないことがよく分かる。石川満さんは電気通信大材料科学科卒。「遠く離れている星に存在している物質に光を当てた時の反応を調べる有機材料の電気特性の研究などをして過ごしていました」とさりげなく語る。

そんな彼が二十歳までに自分なりの好きなことをやって方向を決めようと、とりあえずナホトカまで船で行き、パリ、スペインそして米国を回る四カ月間の気ままな旅を続けたところが面白い。

実生活を知りたいと、一カ月半いたスペインのグラナダで地元のやきもの専門店に入り浸っていたら、「絵付けは大ざっぱで色彩感覚はまるで違うけれど、〝昔〟が今に生きる伸び伸びした表現に惹《ひ》かれて、この感性には一生付き合ってもいいんじゃないかナ、と思うようになったんです」というのが、そもそものやきものとの出合いである。

帰国後さっそくシルクロード関連から調べ始めた。「それが病みつきになり、一九七六年から三年間、九谷《くたに》焼の窯場に住み込み、素地職人の修業にいそしんだ。九谷では作家というのは絵付けをする人をいい、私などは轆轤《ろくろ》、本焼きまでのキャンバス作りみたいなものをしっかりやらされました」と。

それが自らの作陶の土台になっている。故郷に戻って開窯したのが七九年。「雪がいっぱい降るけれど、そんなに嫌なものではないですよ」という思いで名付けたのが「雪華庵」だ。

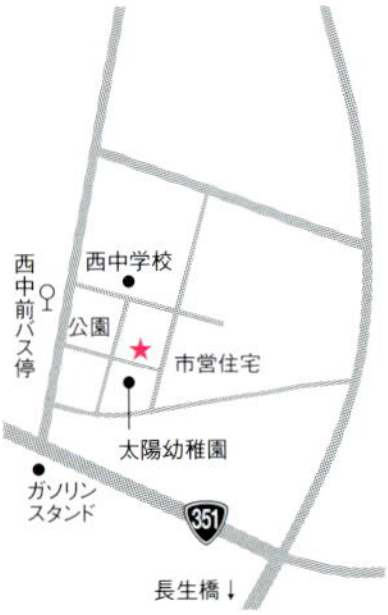

〒940-2124 長岡市希望が丘1-504-11
☎0258(27)5205

満さんの研究テーマは中国・元、明時代の磁器絵付け。特に元の頃から始まった釉裏紅《ゆうりこう》について。「赤絵というと、本焼きの素地の上に上絵の具を焼き付けますが、釉裏紅は素焼きの素地に銅を主成分とする顔料で絵付けし、その上から透明釉を掛け、還元焼成と称する不完全燃焼で焼くやり方をとります」と説く。「昔あった色でちょっと変わった色だからと簡単に考えていたんですが、どうしてなかなか…発色の不安定さゆえに出来不出来の落差が大きい。不完全燃焼のやり方いかんによっては色が無くなったりして結構難しいけど」と言いながらも強い愛着を示す。

釉裏紅金銀彩蓋物（径24cm、高さ13cm）

釉裏紅はボカシがきかず、濃淡を表現できないため、デザインが問われる。色自体は派手ではないが、食器だと料理が死んでしまう色でもあるし、それでいて自己主張の強い色でもある。いわば香炉《こうろ》とか、壷《つぼ》といった品位と風格が問われる〈個〉で勝負する作品向きといえよう。「だからこそ何とかこなしてやろう、とネ。釉薬《ゆうやく》の裏でゆっくりと燃えているような表現をしたいんですが、なかなか奥が深くって」と言いながらも、「釉裏紅に銀を加えて焼き付けてみたり、染め付けと合わせたりして」と他の技法との組み合わせに可能性を追求する。

　最近は李朝白磁の研究も手掛けるようになった。「これはシンプルな形の中に複雑で微妙な感情を表現させなければならないから大変」とうなずく。以前から中国語と韓国語を学んでいる満さんは「中国の原著を読みながら、言葉からみたアジアの文化のつながりに興味がわくんです」と言いながら「中、韓、日の作家の出会いが生まれたらいいんですが」と期待を寄せた。

今　千春

木火窯《もくびがま》

　縄文文化の華とうたわれる火焔土器が発見された長岡市郊外の馬高遺跡にほど近い丘陵地帯に、今千春さんの仕事場がある。その一角に十五㍍余の穴窯を築いたのは一九八七年の春だった。「女房と二人で二カ月くらいかかって…」と当時を懐かしむ。

　古窯の深い味わいに心を寄せ、ひたすら穴窯、登り窯の薪窯にこだわりをみせる千春さん。日本では五世紀に朝鮮半島から須恵器《すえき》の技術とともに導入された穴窯は、斜面に縦に溝を掘り、これに天井をかぶせただけの簡単なもの。燃料をくべる燃焼室と作品を置く焼成室とから成り、後部に煙突が付く構造で、桃山時代に連房式登り窯が登場するまでは主役だった。

　「土味を生かした素朴な焼き方が穴窯の魅力。窯の中での炎の流れ、灰のかかり具合で微妙に焼き締められ、何ともいえない風合いがにじみ出る。計算できない魅力とでもいうか、全く自分の手の届かないところにいってしまうところが面白いんです」

　武蔵野美術大学でグラフィックデザインを専攻したものの、卒業後、東京国立博物館で見た室町時代の信楽《しがらき》の壷に「強烈な存在感を感じて」ぶらり九谷《くたに》（石川県）へ。その後、陶芸家・辻清明氏（東京）に弟子入りした。

　千春さんにとって旅は創作へのエネルギーだ。例えばペルーのクスコから伝説の〝失われた都市〟マチュピチュ遺跡への一人旅。「ただただ壮大なインカ帝国のすごさ。ウルバンバ川沿いにそそり立つアンデスの深い山の尾根にへばりつくこの遺跡。もう何もかも

〒940-2042 長岡市宮本3-2104
☎0258(46)6838

信楽窯変水指（たて19cm、よこ19cm、高さ19cm）

放り出したくなる、時を超えた空間は、それまでの自分の意識をガラリと変え、全く新たなものへの挑戦を生む原動力を蓄えることができた」と一カ月余の旅の余韻に浸る。「ペルーの第一人者といわれる現代作家の人たちの工房をまわって、見ごたえのある作品に触れることもできたし」とも。

旅といえば初めての穴窯を造るために「穴窯のルーツを求めて」渡韓したことも二度ある。「新羅《しらぎ》の昔の完全な古窯は残っていなかったが、それを再現している人を訪れたり、古い断面図を調べたりして収穫が多かった」と全く違う文化に触れて得るカルチャーショックを、自身の創造活動の肥やしにするところはさすが。

千春さんは「宇宙を含めて自然に対する自分の考え方の表現」を常にテーマに掲げる。これまで「ＳＴＡＲ ＥＧＧ」（宇宙のタマゴ）、「ＦＯＲＴ」（砦）、「ＭＹ　ＩＮＣＡ」の連続したシリーズ。高さ一《メートル》の作品群には、降りかかる灰が自然釉《ゆう》となった焼き締めの肌合いに、千春さんの心に潜む寂寥《せきりょう》感が、骨太な感性と微妙に響き合って個性を生み出している。

木火窯では九八年に新たな穴窯を築き、二〇〇三年には福島県平田村に待望の登り窯を造った。「これで大きい作品も気持ちよく作れる」とせっせと福島通いに精を出す。ユニークと言えば最近、立石優さんが長岡藩士・野村貞の生涯を描いた新聞小説「総員死にかた用意」の挿絵を依頼されたのをきっかけに、「文字絵画」とでもいったらいいのだろうか、いわゆる文字の絵画的表現にも挑戦した。ワラを束ねたり、布を裂いて作った筆での試み。常に表現の追求の手を緩めないところが千春さんらしい。

とかとんトン窯《かま》

駒形 孝志郎

駒形孝志郎さんとの出会いは二十五年も前、北魚沼郡守門村の大平峠で雨水をため、野菜を作り、ランプの生活を続けながら、作陶三昧《ざんまい》の生活を楽しんでいた頃だった。高度成長期、多くの人たちが都会に憧れ、便利さ快適さを求め、ひたすら右肩上がりの豊かさにどっぷりと浸っていた。そんな中で孝志郎さんの野性的生活には男の色気があった。新聞記者として小出支局に勤務していたので、仕事が終わると、車を走らせて峠に向かった思い出がある。

大和町大桑原の農家の次男坊は全国の窯場を見て歩いた後、栃木・益子《ましこ》で修業。「工房は水道施設のない森の中に造るので、自分たちで井戸を掘りました。『自然の中に人知を持ち込まない』をモットーにする自然農法家の福岡正信氏の生き方が私の原点ですから」とうなずく。そして、たまたま訪れた峠の、夕日の美しい光景に「無性に住みたくなった」んだという。

峠の土地を借り、仕事場を構えた。電気がない、水がないなどのないないづくしの鮮烈な生活。舞い戻った故郷と、雪は切れない宿命であり、雪の持つ言葉の響きの美しさとは裏腹の厳しい現実。「そこが、私を無性に駆り立てるところ。甘えをキッパリと拒絶しますから」と。陶芸家としての「あの時」のデビューが、その後の創作生活を語るに欠かせない土壌になっていることだけは確か。

一九八六年、孝志郎さんが結婚を機に生まれ育った八海山の麓《ふもと》に百六十本余の電柱を使って独力で一年半かけてログハウスを造ったのも、そうした自身の生活の延長

〒949-7233 南魚沼郡大和町桐沢218
☎0257(79)3278

「禅」壺（たて18cm、よこ30cm、高さ29cm）

上にある。訪れた時、谷川の早瀬の音が森の樹間に吸い取られ、美しい緑の壁が爽やかだった。地下を仕事場にした一部三階建て二百平方メートルほどの山小屋。「何しろ常に心の中では荒野を目指している。草や木の精気、雲や夕日のたまらない美しさ。便利さに消えてしまいがちな感動が、止まっているような時間の緩やかな流れに乗っていると、これがたまらないんだなぁ」と目を細める。

冬の間、半日は雪掘りだった。ショパンやモーツァルトに耳を傾けながら、ひねもす土をひねり、轆轤《ろくろ》にかけ、形を整える。乾燥させた無垢《むく》なる器が炎の洗礼を受け終わった時、初めて作家の感性から生み出された作品が誕生する。

「土との語らい、というんでしょうか…新しいものを考え、ワクワクして作っている自分が楽しくって」と笑う横顔が優しい。

このほど孝志郎さんは穴窯と小さな薪窯を新たに造り直した。「一時スランプなんて言葉ではかたづけられない重症で、生きる方向性を失っていたことがあるんですよ」と振り返る。「自分の道はこれっきゃないと思った時、これまでの窯を壊していました。〈原点〉に帰るための新しい出発として」と気持ちを引き締めた。

作品は焼締めである。これまで主に信楽《しがらき》の土を使っていたが、地元の固まった粘土を木彫のように削って形を作って焼くという従来のやり方とは逆の方法を試みる。作品に込める思いは「命への祈りと誕生の喜び」。埴輪《はにわ》的創作表現を駆使しながら「自分の生き方の姿勢から、そう、生活そのものからにじみ出るものを土に刻んでいきたい。日用雑器から離れて、抽象的なものに少しずつシフトしていければ」と語る言葉に抑え気味の情熱がこぼれた。

今成　修

大月窯《おおつきがま》

金城山の山懐に抱かれた今成修さんの仕事場は白壁黒柱の純和風の工房である。幾段もの棚にぎっしりと並べられた日用雑器が出迎えてくれる。修さんは六日町高美術部で知人から陶芸家・浜田庄司氏を紹介され、それまで全く知らなかったやきものの世界に惹《ひ》かれて、卒業と同時に栃木県益子《ましこ》へ。「当時、浜田氏は文化勲章を受章していて非常に多忙の時。技術は日向窯で教われ」という師の指示で外弟子になった。

そんなわけで浜田氏との交流のエピソードは数え切れなく、思い出すたび貴重な財産になっているという。「仕事場に行って轆轤《ろくろ》を挽いている先生の後ろに立って見ていると『おやおや泥棒さんか、君はまだまだ僕の技術は盗めないよなぁー』なんて声をかけてくるんです」と修さん。それにしても中国・漢の時代の、釉薬《ゆうやく》ができたかできない頃の作品を無造作に持ってきて「見てごらん」と、よく見せてもらった。「とにかく良いものばかりを見なさい。そうすれば良くないものが分かるようになる」と。

かつて浜田氏は轆轤挽き日本一といわれ、河井寛次郎が釉薬を調合し、富本献吉が絵付けをしたら最高傑作ができると称された。「だから彼の轆轤は単にキューッと一発で綺麗《きれい》に挽いてあるだけでなく、『この土はどう動きたがっているかに手を貸してやるだけ』という彼の口癖から、その土の心を知ることの大切さ、難しさを学ばせてもらいました」とも。

初期の頃はオブジェばかり手掛けた。それも鋭角的なデザインが

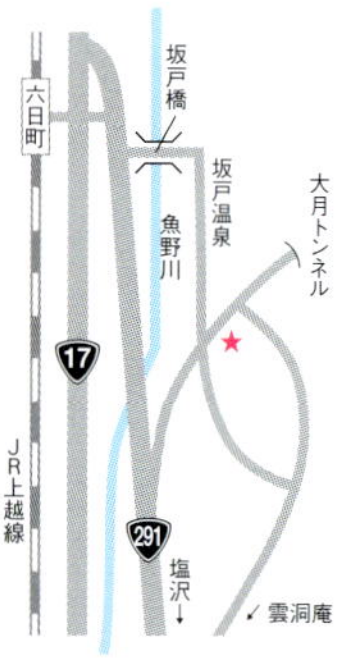

〒949-6613 南魚沼郡六日町下大月1300
☎025(773)6684

多かった。「ただ食器作りは、手に持って口に当て…かなり細やかな神経が求められるため、基礎は食器だ、と常々思っていた」。だから師に内緒で国画会の公募展に入選したのが見つかって「今の公募展はパッと審査員の目を引くものが入選して疑問だ。生身の自分をさらけ出して勝負する個展でやっていく方がいいのではないか」と諭された時、自分の思いをスパッと切り替えることができたと語る。

練上連山大壷（径35cm、高さ41cm）

　五年間の修業を終えた時の個展に、浜田氏は「新しいものより、旧《ふる》いものの方がもっと新しく見えるような眼《め》をもってほしい」と期待を寄せた。故郷で開窯したのが一九七四年。黒陶をはじめ、窯の温度が千三百度ぐらいに上がったところで作品の脇に岩塩を投げ込む塩焼や、灰かぶりの面白さを狙って、上で火を燃やして下に落として焼く、本来の自然さに逆らう窯を自分で造ったりもした。表現の味受けを狙ったが、やっぱり最後は「浜田先生の懐に帰っていったかなぁ」と振り返る。

　平成十五年までの六年間、湯沢町に頼まれて大源太で観光客に教えていた。「シーズン中は二千五百人も相手に、メチャメチャ忙しかった」と言うが、ここ二、三年、色土を使って練り上げを試みるなど自己研鑽《けんさん》も怠らない。「出来上がったら絵のように見える紋様、水墨画のように山並みが遠くに行くにしたがって薄くなっていく、そんな感じの作品に力を入れている。石こう型をおこして作るのではなく、轆轤で挽きながらつないでいくところが難しい」とうなずく。故郷にこだわるのは冬。雪降りしきり、怖いほどの静けさの中で無我の境地で轆轤を挽けるからと、マイナスを引いての〝余り〟を強調した。

南龍窯《なんりゅうがま》 南山焼《なんざんやき》

村松 松越

石打花岡スキー場が目の前に広がる村松松越《しょうえつ》さんの仕事場を訪れると、ちょうど登り窯の窯焚《た》きが行われている最中だった。窯の中の温度が千三百度に達し、のぞき込み口から中を見ると、真っ赤な炎が勢いを増していた。南龍会という親睦団体が組織されていて、窯焚きのボランティアの人たちが三々五々、楽しそうに登り窯を取り囲んで話、弾ませていた。

窯焚きは年二回、六月と十一月に行われる。五日間は焚きっ放し。そのため地元の人をはじめ、東京や大阪などからやって来た約二十人の〝窯焚き隊〟が昼夜三交代で薪《まき》を燃やし続ける。一回に使う薪は赤松千束。松越さん自らが長野の筑北森林組合へ買い付けに行って来る。三室ある登り窯の中には一回に大壺《つぼ》からぐい呑《の》みまで大小八百点余も詰め込まれる。そして一週間後、窯出し。

「この時の感激は何物にも替え難いですね」と松越さん。しかしボランティアの人たちの薪の投げ込み方のちょっとしたミスで棚板を崩してしまうこともあって「作品が半減してガックリ、なんてね」と、苦い思い出もあった。それにしても登り窯で焼くことによって生まれる楽しい交流の輪の広がり。「これが一番！」とうなずいた。

刈羽郡西山町生まれ。青果物のスーパーなどを手掛けていた松越さんが〝この道〟に入るきっかけになったのは四十五歳の時、である。柏崎市南下に陶芸家の浦東《うらひがし》九安《きゅうあん》さんが築いた「世界一長い」をキャッチフレーズにした百メートルの登り窯を見に行ってハマった。

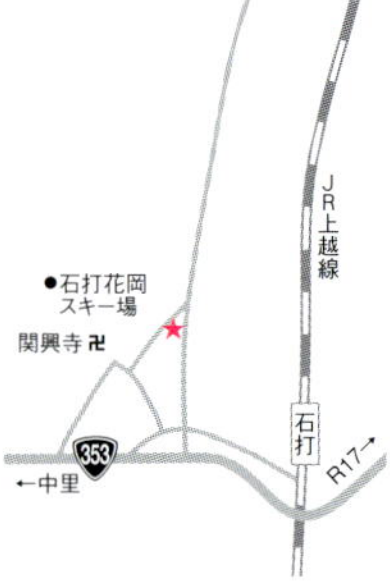

〒949-6373 南魚沼郡塩沢町大字上野307
☎0257（83）3006

南龍窯焼締中壷（径28cm、高さ35cm）

当時、九安さんの窯は一・五メートル真四角の部屋が五十六室あり、一日六人体制で約四カ月間焼き続けるもので、八百トン以上の赤松を燃やして、大小合わせて四千五百個ぐらいの作品を作るそのスケールが大きな話題を呼んだ。

弟子入りして一層モノを作る喜びに浸った。「先生は仕事が丁寧で、優しかったので自分の自由な発想で何でも作らせてもらいました」と。轆轤《ろくろ》上での土への微妙な力の入れ具合、口に当たるカップ類の唇《くちびる》感覚対応など習いながら学び取っていった。

独立するなら「陶芸教室を開きながらいろんな人たちと交流できる場を」と石打に築窯したのが一九九七年。

これが当たった。地元の人たちから始まって、都会から湯沢温泉などにやってくるリゾート客、アメリカ、イギリス、ブルガリア、モンゴルなど各地からの外国人ら多彩で、多い年には二千人にも上った。

時には修学旅行の生徒や家族連れもやってくる。塩沢、浦佐小学校といった学校や老人クラブへの出張陶芸教室も盛ん。「うれしいのは訪れた人たちから届く、初めてやきものを手掛けた感動を記した手紙です」と松越さんは顔をほころばせた。

広い仕事場には焼締めの作品群が所狭しと並んでいる。大量の一挙陳列はド迫力があり、無釉《ゆう》ゆえに炎の流れが微妙な紋様となって野性的ですらある。

無造作に置かれた大皿や大壺の間に幾つかの陶地蔵があった。これは連れ合いで「番神岬」でおなじみの歌い手、蓮美かおりさんの作品。大阪四天王寺からの注文がくるほどファンが多く、「なかなかの人気」である。なんだかんだと賑やかで、今日も仕事場に楽しい雰囲気が流れている。

高野 秋規

七ツ窯《ななつがま》

「土は生きています。地元の土を何とか使いたくて、いろいろと試験的に使っています。この辺は火焔土器がよく出てきますから」。初めて高野秋規さんにお会いした時、開口一番切り出した。県人作家たちの多くはせっかく自ら選んでその土地に住んでいるのだから、地元の土を少しでも使いたいと思っている。それも土味に随分と苦労を覚悟の上でのことである。

それにしてもあの縄文時代の名品とうたわれる火焔土器が紛れもなくわが郷土に存在し、古代ロマンが薫る歴史的文化遺産として燦《さん》然《ぜん》とした光を放ってきている。最近の秋規さんは「火焔土器のよさが心に染み付いている。とても興味があるし、高野流火焔土器を作っていきたいですね」と熱っぽい。

味方村生まれの秋規さんは白根高校を卒業後、上京。運送会社に勤めた。「もともと絵を描くことが好きだったので」と夜は東京デザイナー学院に通った。「好きな道へのきっかけを探していたんですが、兄嫁が十日町出身だった関係で」と染物会社に転職したが、「もしかしたら自分はやきものの方が向いているかもしれない」との思いに駆り立てられ、佐渡の陶芸家、渡辺陶三さんの所へ住み込みに入った。

最初は長時間あぐらをかくのが辛く「やきものの体になれ、と口酸っぱく言われました」と振り返る。もっぱら無名異の湯飲み作りを続ける中で職人修業を重ねていった。「無名異の型はそう簡単じゃないんです。仕上げは轆轤《ろくろ》で回転させながら、湯飲みの角を取っていく。硬くて粒子が細かい

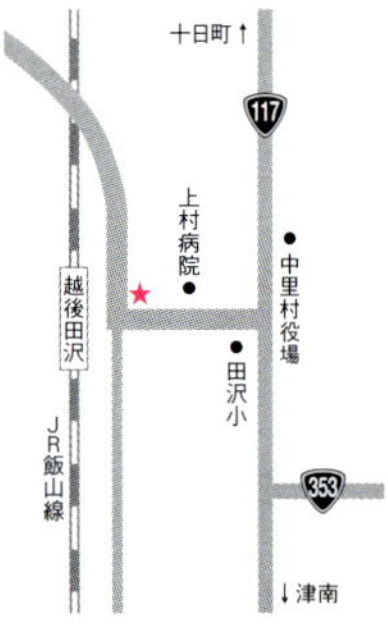

〒949-8411 中魚沼郡中里村田沢庚248-4
☎0257(63)4192

から、カンナをいれて、板ガラスで締め付ける。これによって使い込むほどに味が出るようになるのですから」と説く。ぐい呑《の》みは一日百個、急須《きゅうす》なら五十個といったノルマをこなした後に「師匠の仕事を見ながら今日は指先使いを、次の日は道具作りを…と〝盗む〟んです」。

鉄釉白貫入花瓶（径26cm、高さ25cm）

一九八三年に日本現代工芸展に入選した作品「姿勢」は高さ五十《センチ》、無名異土を使い、一度真っ直ぐ煙突みたいに挽き上げておいて、途中でつぶした格好のオブジェを焼締めた。「面白いんですが、これだけではメシが食えませんから」と日用雑器が仕事の大半を占める。雑器は用が主要をなす。作者の個性が入り込めるのは一、二割くらいといわれる。「その一、二割にどれくらい意識を盛り込めるか、勝負しているんです」と意気込む。

ひと口に職人仕事といっても簡単に身に付くものではない。誰しもが辛苦仕事の末に勝ち取るものだからである。評論家の小林秀雄は「やきものは見るものではない。使うものだ。これは分かりきった話だ」と言い切った。手で持ち、唇《くちびる》に触れて、初めて生きるという。ちょっとした重さ、柔らかな感じ、口当たりの良さ…「この茶碗《わん》は味がいい」と言えるのは、使っているうちにいつの間にか育ってくる感覚といえる。

清津峡の入り口に開窯したのが八七年。「名勝の七ツ釜から頂いて」七ツ窯と名付けた。九四年から越後田沢駅前の機屋を借りて仕事場を構えた。「自然が好き。除雪が日課になる厳しい雪が不便なようでも気分的には便利」と。「地に黒釉《ゆう》を掛け流し、蕎麦《そば》釉で山の景色を描いた後、全面的に掛けた白釉が凹凸に留まって微妙な味が醸し出されるところが狙い」と語る。

山崎 博

刈羽焼《かりわやき》 夢幻窯《むげんよう》

越後や佐渡にやきものが作り始められたのは岩船郡朝日村の鳴海金山や佐渡金山が最も盛んに開発された江戸・慶長年間の頃からといわれる。精錬用の送風機・鞴《ふいご》の羽口という溶鉱炉と鞴を連絡する素焼きの送風管を製造する職人たちが日用雑器を焼き始めたもので、いわば鉱山の副産物として作られ始めたというわけ。江戸中期には飢饉《ききん》の影響で先進窯業地から米どころの越後に流れてきた陶工たちが開窯し、幕末から明治前期にかけて急速に生産窯が増えたのは先進地への出稼ぎから帰ってきた人たちがもたらしたものである。

そうした歴史背景を持ちながら県内では佐渡を除いて、一カ所に産地化された窯場が築かれなかったところから、生産地として全国区で売り出せなかった。とかく陶磁器について産地がやかましく、一般に土がすべてを表現し、すべてが土に帰着しているからである。しかし近年、先進地で修業した若手陶芸家の創窯が著しい。彼らは素地はキャンパスの代わりではなく、あくまでも陶肌がマチエール化して自己主張し、伝統のやきものに独自の感覚を吹き込んだ幅広い作風で完成度を目指している。

西山町の刈羽焼夢幻窯の山崎博さんは「土の香りのする温かく、暮らしの中で楽しく使える器つくり」にこだわる。長岡市生まれの博さんは長岡高校卒業後、浪人中「何か作りたい欲求で、たまたま川端康成の『千羽鶴』の印象が心にあって志野に惹《ひ》かれた」と美濃、瀬戸での修業が始まった。「デザイナー志望だったので、日常で使

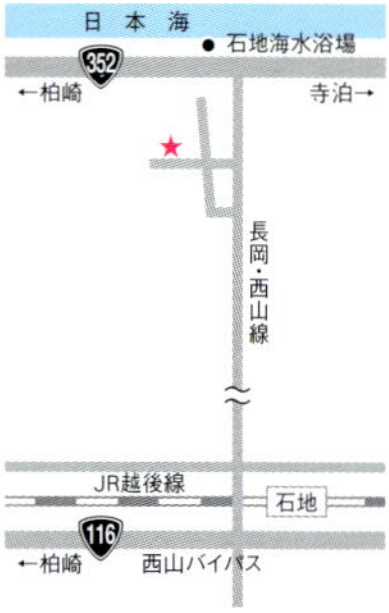

〒949-4203 刈羽郡西山町大字大津64
☎0257(47)2894

青織部布目壷（径32cm、高さ23cm）

うモノを作りたかった。やきものへのきっかけは父が板前で、器と接する機会が多かったので」と言う。「最初に入った美濃では桃山期古窯の捨て場でかけらを見る機会が多く、これが職人技の迫力があるんです。高台の破片ではヘラ使いがそれぞれに違って、個性を見せるスゴさ。小さな破片の大きな教え、勉強になりました」と振り返る。

一年半後、ひと山越えた瀬戸に移った。全国からやきもの作りを目指す若者が多い赤津霞仙陶園に入り、工場仕事の傍ら、自分の創作活動に励んだ。「近くの山から土が採れたし、窯が自由に使えたし、朝から晩までやっても何のおかず?もいらないほど楽しい時代だった」と。そうした体験で「織部の我の強さ」「昔のものの今様さ」「挑発的な作為」にハマった。

一時期パリの語学学校へ通った後、スペインやモロッコをブラブラし、帰ってきて京都炭山の工芸村へ。一九七七年に木曽御岳山麓《ろく》に開窯。五年間、一人で黙々と器を作り続けた。体調を崩してUターン。結婚。八一年に土地を紹介する人がいて、西山町へ。

博さんの作品は織部線文花器など、研ぎ澄まされた渋さの中に華やかさがにじむ。「体で覚える」とか「勘で味わう」といった言葉は年季の入った職人さんと話をしているとよく出てくる。職人芸は口では説明しきれない素質と修練の掛け合わせである。常にその職人技にこだわりをみせる。「湯飲みは唇《くちびる》で遊べるといった、食器は見た目ではなく、皮膚で感じるモノを手がけていきたい。それが味わいにつながっていけるのではないか、と思う」と意を込める。日本海の潮風が吹き抜ける仕事場で博さんの心は熱い。

佐藤 弘和

朴石窯《ぼくせきがま》

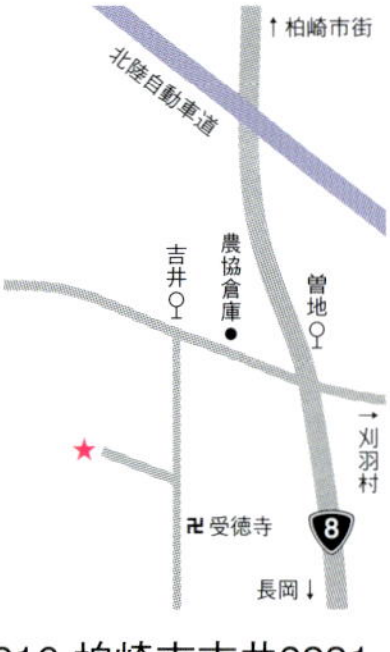

〒945-0216 柏崎市吉井2231
☎0257(28)2505

だいぶ以前になるが、備前焼の藤原雄氏の名匠の技を拝見したことがある。雄氏は父親の啓氏と親子で初めて人間国宝に認定されたことで知られる。私は単純で無理のない形の壷《つぼ》が好きである。雄氏は「なるべく余計なことはしたくないんです」と言いながら、荒伸ばしと全体をすぼめる工程を二、三回繰り返した後、立ち上がった長い筒状の土の中に右手を入れて、心持ち胴を広げ、徐々に口を狭め、口縁を締めた。「人間の持っている愛する心、優しさ、いたわり、その上での豪放さとでもいった根源的なものを一つの壷に込めたい」とおっしゃっていたのが印象的だった。

やきものへの思いの深さとでもいったらいいのだろうか、この心ののめり込みぶりは県内の陶芸家たちの仕事場を訪れた時でも同じように感じる。

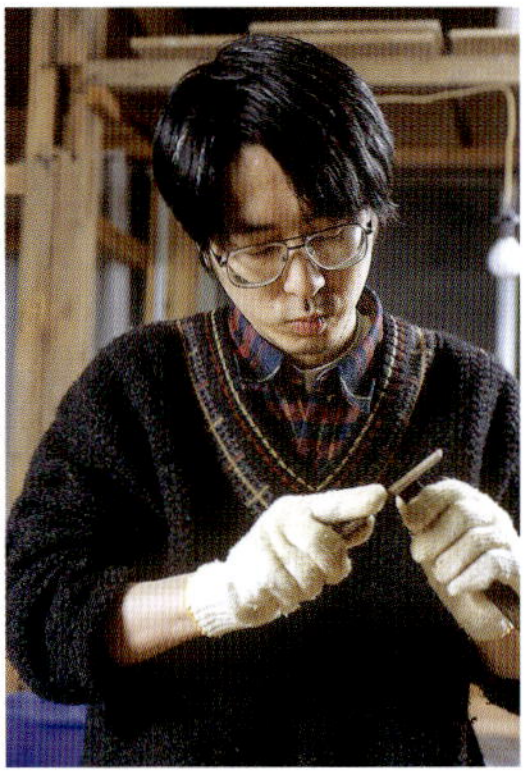

佐藤弘和さんの創造空間を訪れると、スクッと伸びた幾本もの杉木立が美しい。長岡市生まれ。長岡商一年の時、「やきものが好き」と方向転換。紹介されて益子《ましこ》の陶芸作家・相沢博氏に師事した。ぞうきんがけから始まって、何でもこなした。「若かったんですね。当時、なんで！　と思ったけれど『自分で自分を磨け。自分を律せよ』と先生は作陶以前の人間修業を課したんだと、今の自分に大いに役立っています」と振り返る。

その後、益子焼の生産工場に勤めたが「基礎から勉強し直したい」と愛知県窯業訓練校へ。さらに神奈川県平塚市に移り、創作の傍ら陶芸家の手伝いをしたりしていたが、一九八九年にUターン。曽地峠の麓《ふもと》に窯場を構えた。やきものの原点である木と石を考え、朴石窯と名付けた。

　日常生活に使うものを主体に「季節の変化に合わせ、寒い時期は溶けやすいナラや柞灰《いすばい》などの釉《ゆう》薬《やく》を使い、夏は逆に稲ワラなど食物系の灰で作り続けています」と楽しそう。時には裏山で採取した土で作ることもあり「面白いものができるんですが…」と言いながらも量のないのを残念がる。

　弘和さんの作品には「俺が！」と主張する自己が非常に控えめでつつましい。それでいて使いやすさを考え、どこかはっきりと存在を示しているところがある。

　例えば寸銅《ずんどう》の茶碗《わん》。ちょうど指先に当たるところがうまくへこんでいて持ちやすい。使うための必要から出た無駄のない形、質素な色遣い。使った人がエクボの茶碗と愛用してくれるという。

「しまっておくモノではなく、毎日使い続けてほしいから」という弘和さんの話を聞いていると、土をこね、心を静めて轆轤《ろくろ》を回し、祈りを込めて窯を焚《た》き、一つのモノを創作する陶芸家たちの真の幸福は、どんな小さな作品でも、誰かの手に取られ、いとおしまれながら使われること、との思いがひしひしと伝わってくる。

　弘和さんの場合、これまで長岡市のお寺や柏崎産業文化会館などで個展を開いてきた。時には体調がすぐれないことが続くと無理押しせず、ボサーッと自然の中に浸る。そうするとまた、スーッと粘土に手が伸びて、モノ作りが始まる。自分の手の加わったものへの慈しみ…自分との対決だけが重要なのだとするこの人の節操や人間性は、そのまま作品の象《かたち》に表れているようだった。

線文長皿（たて22.5cm、よこ53.5cm）

吉田　隆介

窯

「このままでは日本の美が消えてしまう」と語気を強めたのは松代町に住むドイツ人建築家、カール・ベンクスさん。「日本の古い民家は職人技の粋」と惚《ほ》れ込む彼は「なぜ日本人は簡単にそれまで住んでいた古い民家を、ただ古いというだけで壊してしまうのか」と疑問符を投げかける。そんな思いをたたんで、吉田隆介さんの仕事場の古い格子戸を開けると、三和《たた》土《き》が奥に続き、染め付けの火鉢、漆塗りの帯戸、船箪笥《だんす》…柱に刻まれた明治の〈時代〉のたたずまいに、胸がキュッとなるような新鮮さがあった。

隆介さんは柏崎生まれ、柏崎高卒。美術担当の伊藤豊教諭が紹介してくれたのが京都の陶芸家で日展参与の森野嘉光氏。修業には教科書はなく、体で覚えた。「磁器はすべての工程でゴミを嫌う。基本的なことですが道具一つ一つをきれいに洗い、常に体のゴミを払っておく。窯詰めの時なんか神経を使って大変でした」と振り返る。三年間通って、Uターンした。

「やきものだけでやっていく不安感は強かった。何を作ったらいいか、それをどう売りさばくのか、ウロウロ、心細く、それこそやるしかなかったのですから」。

何しろ、その頃、県内では佐渡の無名異焼の産地を除くと、上越市の故・齋藤三郎さんや安田町の庵地焼ぐらいで、隆介さんは若い陶芸家のはしりであったからだ。

初めの頃は、ニッケルなどを使った緑彩釉《ゆう》で花器を作ったり、鉄釉や灰釉を使って皿に仕上げたりしていたが「そうこうしているうちに出合ったのが、磁器でし

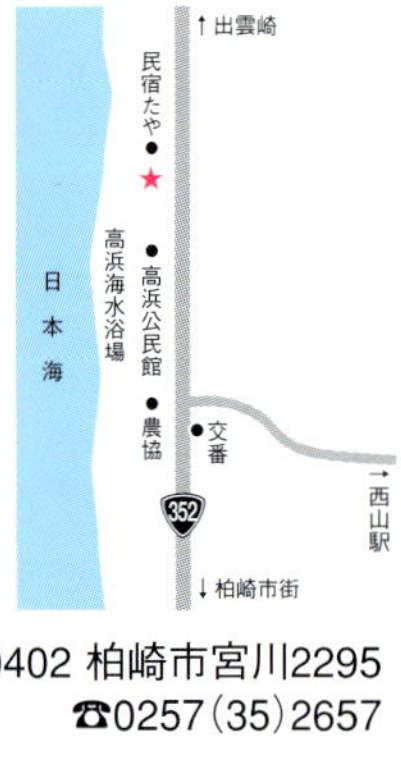

〒945-0402 柏崎市宮川2295
☎0257(35)2657

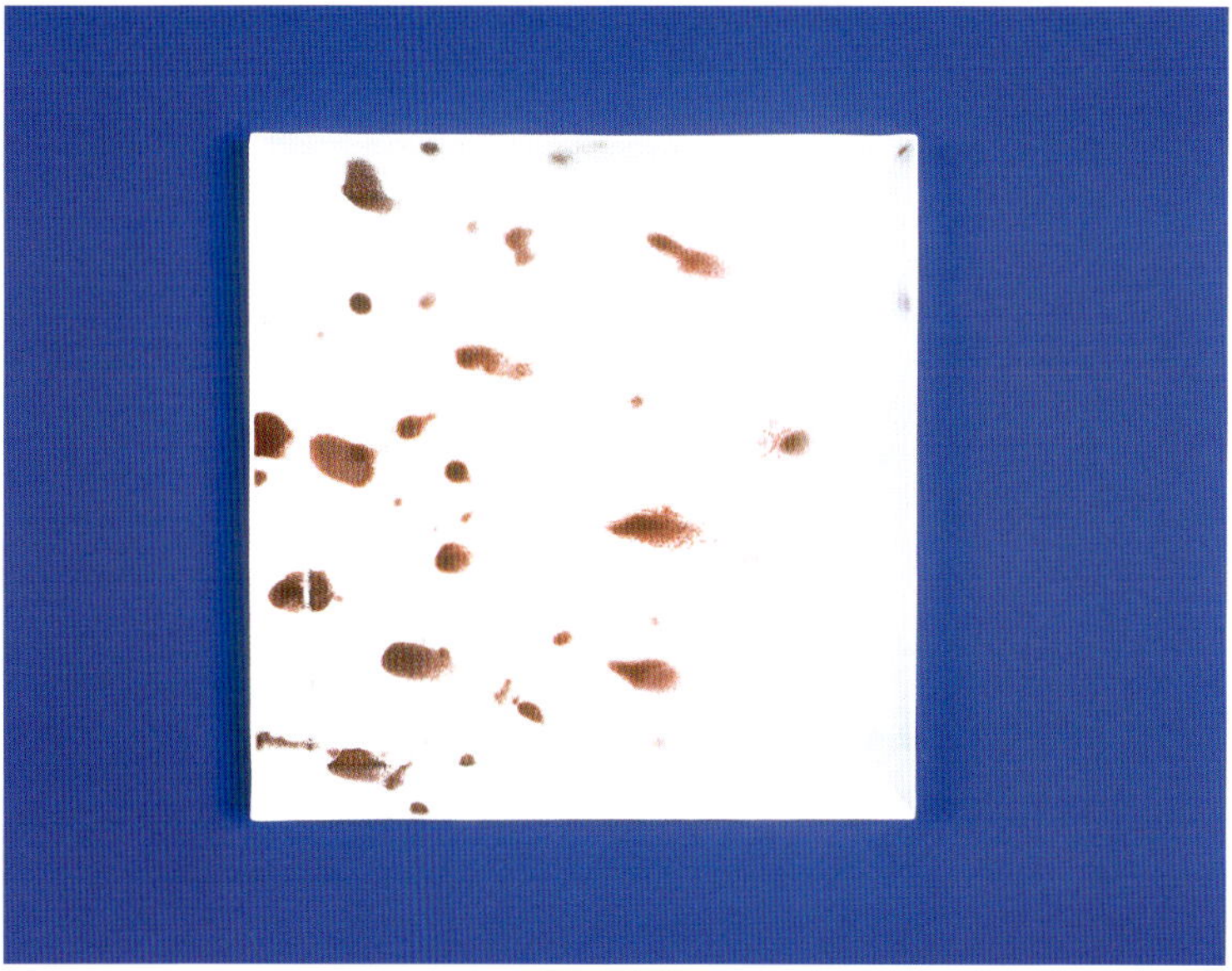

白磁紅彩四方皿（たて36cm、よこ36cm、高さ３cm）

た」と隆介さん。構成成分が成形に必要なカリオン、溶化をつかさどる長石、骨骸《こつがい》となる石英からなる磁器は素地が緻密で透明性白地。焼成温度は本焼きで一二〇〇—一三五〇度ぐらいが多い。「磁器は陶器の窯変のような偶然性がなく、ある程度計算し、乾いてから彫刻のように削ったりするところが自分に合っていて好きなんです」と。

隆介さんは日本陶芸展に一九八五年から入選。例えば「青白磁線文蓋物《ふたもの》」は形を作った上にしのいで面から曲線を浮き立たせているのが特徴。白磁は中国で生まれ、朝鮮李朝の時代に花が咲いた。李朝初期の十五、六世紀は磁器が貴重で、儒教の政治理念を掲げる李王朝は清楚《せいそ》な白磁を求め、灰白磁、純白、卵白、乳白の磁器などさまざまな白磁の中でも青白磁を最も好んだ。清廉潔白な人を「青白な人」というのもうなずける。

「私の場合は白色陶胎に白濁の艶《つや》消釉を掛ける。下手すると表面がのっぺりし、器の形がモロに出てしまうから難しい」と言いながらも、白磁にちょこんと朱を置いて、それを鳥が飛んでいるように象徴させているところが見事だ。それにしても最近は「白の反動」と称して、黒釉の陶器も始めた。線の模様を抜いて表面に凹凸を付ける。真っ黒というのはいろんな想像をかき立ててくれる深さを秘める。

ところで隆介さんはこれまで柏崎の美術行政に対していろいろと具申してきた。「例えば県の美術館構想。あれなんかまるで必然性がない。自分がバカにされている気がするんです。日ごろ話を聞いてくれる姿勢がなくて、一方的に上からのお仕着せでは、地方に文化が根付いていかないと思います」。作品同様、スッキリしている。

伊藤　剰

松籟窯《しょうらいよう》

静岡県掛川市にある肢体不自由児療護施設「ねむの木学園」を取材した時、園長で女優の宮城まり子さんに大歓迎されて、自らの手料理をごちそうになった。「どーおォッ」なんて独特のまり子さん言葉でいろんなキノコをサッと料理してみせる腕はさすが！　リンパ節のがん手術をした後なのに、笑顔を絶やさない優しさに感激した。印象的だったのは、食器が、夕食は赤、朝食は黄色ですべて統一。洋風磁器系のみ。まり子さんの食事に対する美意識である。

　伊藤剰さんの仕事場を訪れた時、ふと、このこだわりのエピソードを思い出した。剰さんの作品にはグローバルな匂い、とでもいったらいいのだろうか、脱日本的風合いのこだわりを感じたからである。

　剰さんの父親が日展作家（鋳金）の故・豊氏。柏崎高校時代に受けた陶芸の授業に惹《ひ》かれ、京都市立芸大へ。「大学院の時、学長だった梅原猛先生からは日本美の再発見を教えられましたし、八木一夫さんや藤平伸さんらトップクラスの作家に会えたのが制作への大きな触発要因になりました」と振り返る。

　卒業後の一九八五年、念願の米国・オハイオ州立大学大学院へ留学。ジョー・ゼラー教授についた。「実技の授業では技術や作品の完成度よりも独創性や実験性が求められる。三週間に一作品を作っていかなくては退学させられる。論文作成は徹夜仕事でした」。日米の文化比較を語らせたら剰さんは止まらない。

「ビジティング・アーチストプログラム」という授業は著名な画家

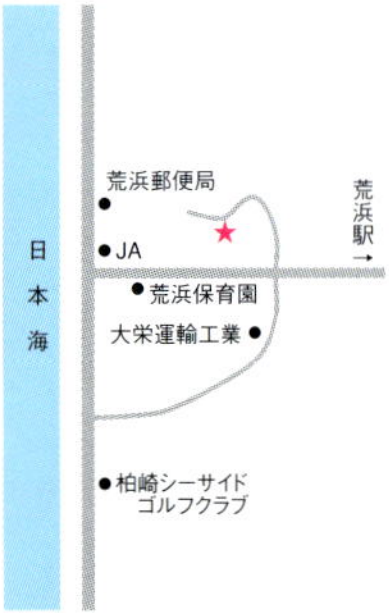

〒945-0017 柏崎市荒浜3-12-48
☎0257（23）9237

や彫刻家と一対一の討論である。このプログラムは五〇年代にバーナード・リーチ、浜田庄司、柳宗悦が米国の大学で日本の民芸的作陶の世界を提示し、ヒューマン・クラフトとしてブームを起こしたことでも知られる。「この授業での米国を代表する作家たちとの対話は、私にとって大きな励みになりました」と思い出をひもとく。

全米の陶芸、彫刻、美術の各種コンクールに次々と入選を果たし、滞米生活を実りあるものにしたのも剰さんならではのバイタリティーだ。

「子供の頃、ハチの巣、蛇、セミなどの抜け殻に不思議な存在感を感じていた」と言う剰さん。「陶芸の道に入ったのは、その華やかさではなく、陶土のプリミティブな質感に惹きつけられたのだが、あの子供の頃の〝抜け殻〟の記憶と融合して、私の創作活動の原点になりました。〝抜け殻〟の持つ存在感が過去、現在、未来といった関係を超えて、宇宙との関係を意味しているんです」と解説する。

剰さんの作品は陶彫と呼ばれる。粘土でヒモを作ってイメージを積み重ね、その一方で石こうの型に板作りの粘土を押し付けて曲面を作り、双方を重ねて成形し野焼きする。

また地元の土を単味で焼締めた一・五メートル四方の陶板パネル「波のかたち」も各所に設置が進んでいる。サントリー美術館大賞で入選した「Beyond the times」は審査員の中野政樹東京芸大教授が「陶質を感じさせない金属的なシャープさがいい」と評した。

身近な器ではトルコブルーに藍《あい》色の草木紋様を付けた「蒼々《そうそう》」シリーズが「青磁とは違ったパステルカラー調のブルーがやきものらしくなくて?好き」と人気だ。

「時空を超えて」（オブジェ・幅90cm、高さ200cm、球・直径38cm）

齋藤 尚明

陶齋窯《とうさいがま》

なにしろ高田は戦国乱世に生きた上杉謙信が若い頃から茶の湯を愛した土地柄である。古い陶窯は高田城近くと金谷山の麓《ふもと》にあった。「高田藩制史料」には寛政十二年（一八〇〇年）、御瓦焼場所（現在の仲町二）で火鉢などが製造されていた記録が残されている。

そんな高田の、寺町の杜《もり》の一角に陶齋窯がある。この辺りだけは南本町の雁木通りと並んで、高田の人たちがこよなく愛す古きよき時代の面影をしのばせてくれる。ここに風船窯と名付けた登り窯を築いたのは一九四六年。初代陶齋、齋藤尚明さんの父親・三郎さんである。「父の代は県内を見渡しても陶芸の個人作家がほとんどいなかった時代のスタートでしたね」と、まず。

幼き頃から父親の作陶姿を見てきた尚明さんが自ら陶芸への道を選んだのは駒澤大学三年生の時。「遅い決断でしたが…」卒業後、京都の陶芸家・竹中浩氏の下で修業に入った。「朝七時から、仕事場の掃除から始まって、片付け終わるのが夜の七時。それからが自分のモノづくりの時間」。日々の制作の中で、どう学び、どう自らの感性を磨いて創造性を付加していくか、修業こそが、その闘いでもあるわけだ。「京都という利便性を最大限に活用して、美術館の展示を見まくりました。奈良や神戸にも足を延ばして…楽しかったですよ」と振り返る。

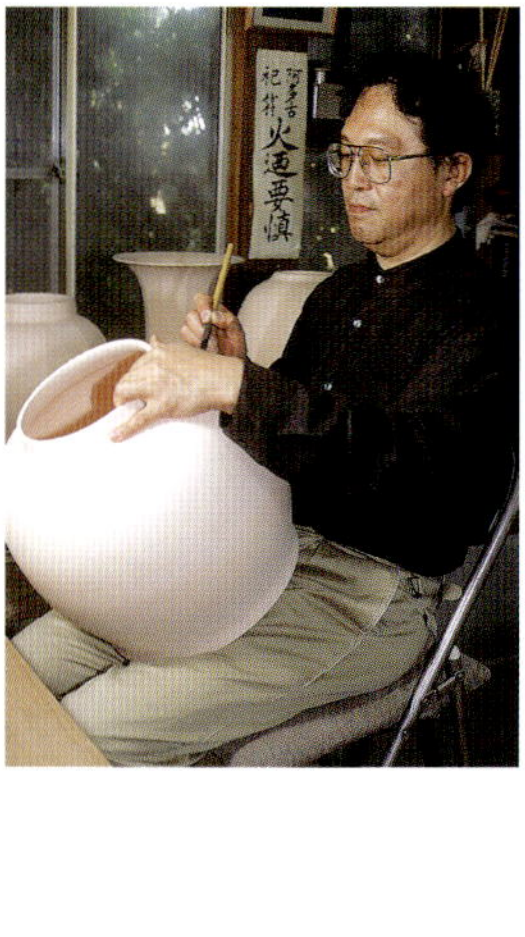

京都に六年滞在して、七九年に帰郷。親子二人での本格的な作陶生活に入った。三郎さんの陶技は白磁、青磁、染め付け、色絵から「掻《か》き落とし」などと幅は極めて

〒943-0892 上越市寺町2-21-6
☎025（524）7857

色絵辛夷文大皿（径42.5cm）

広く、どの作品にも独特の強い個性をにじます。「私自身はオヤジとは中身の違ったものを目指しました」と強調する尚明さん。茶陶はもちろんのこと、硯《すずり》、壺《つぼ》や襖《ふすま》の引き手といった多様さを見せてきた。残念なことに「オヤジと仕事場でいっしょにいたのは二年半でしたから」と惜しんだ。

例えば尚明さんの作る白磁。かつての豪雪の代名詞だった高田の風土を映す。庭に植えられた八十種余の椿を陶肌に描くのも、どこか長い冬、深い雪を心の奥に秘めているからに違いない。

二〇〇〇年の「二代陶齋襲名記念作陶展」や、親子二代親交のあった酒博士・坂口謹一郎さんの坂口記念館・楽縫庵での個展、三郎さんの故郷、栃尾市立美術館での「父子展」、重文・浄興寺本堂での「作陶三十年記念展」などでその真価を発揮してきた。

最近では活動の中心である個展がなかなか面白い。上越市の楽酔亭では能、太鼓の人間国宝・大倉正之助さんが作品の前で演奏した。「異空間を通常空間においておきたいので、個展では音楽とのコラボレーションを試みることもあります」と意欲的だ。

これまで仲間と「旧師団長官舎」の保存活用運動に加わったり、くびきのNPOサポートセンターの理事として町づくりに携わったりと賑やか。時には心の滋養を求めて旅に出る。磁器発祥の地、中国の景徳鎮《けいとくちん》では、「幾多の窯場や工場を見て回り、現場で上絵付けの制作も手がけたことが今の自分の仕事に随分と役立っています」と。韓国の陶芸村、利川を訪ねた時は「高麗《こうらい》、李《り》朝、ひいては日本の陶磁の原点を学んできました」と思い出は尽きない。すでに藍《あい》より青く、とファンも増えている。

六華窯《りっかよう》

鈴木 六衛

一九二一年生まれであるから、失礼ながら相当なお年である。にもかかわらず創作力が枯れないところに脱帽する。新聞記者をしていた頃、年を取ってくると途端に文章を書かなくなって、口先で勝負?する人が増えてきて驚いた。書かないのではなく、感性が鈍くなって書けなくなるのである。その点、鈴木六衛さんは感性が若い。常に創作することに挑戦的なのである。

そもそも陶芸家としては、若い頃から陶芸一直線といった正統派の道を歩んできたわけではない。独学的色合いが強く、それでいて持って生まれた才能を向学心でうまくオブラートに包んで開花させたところが、他の追従を許さない。

柏崎出身の六衛さんのやきものへのきっかけを聞いていると、つい吹き出してしまう。高田工業高校電気科の教壇に立っていた四十五歳頃のことである。トーストのミミがノドに引っかかった拍子に血がタターッと噴き出た。「さては、がん?」かとガーンときた。「せめて命あるうちに何か形見を残そうと必死になっちゃって。ホント、笑い話ではありませんよ、陶芸教室に通い始めたんですから」と思い出しながら笑う顔が優しい。

それからが大変。手当たり次第に関係書物を漁り、瀬戸、多治見、金沢などあちこちの窯業科のある高校を訪れて、教えを請うたり、夏冬の休暇には国内の窯業試験場巡りの旅も続けた。すっかり病み付きになって「釉薬《ゆうやく》も自分で」とテストを重ね、二百種くらい自分なりの色を開発した。

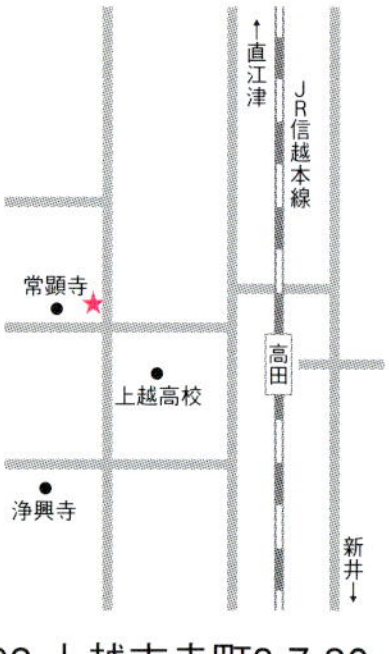

〒943-0892 上越市寺町3-7-30
☎025(524)8245

彼方へ（たて120cm、よこ50cm）

七九年から芸展に、八一年から現代工芸展にそれぞれ連続入選。日展にも顔を出すようになった。九二年に現代工芸美術展・工芸賞を受賞したほか、同展新潟展で新潟日報賞など五回受賞、パリ現代工芸秀作展でも受賞するなど、着々と実績を積み重ねてきた。

「もっと広く世界に目を向けたい」とタラベラ、トレドなどスペインでマジョリカ窯を見て回ったのが七八年。これがきっかけで、八四年にギリシャ、アテネで、八五年にメキシコで、八六年にモントリオールでそれぞれ開かれた「茶の美術展」に出品してきた。

メキシコからは感謝状が贈られてきたり、ちょうどオリンピック前に開かれたバルセロナ展では、カタルニア公立工芸センターに出品作品が収蔵されたりもした。その後も積極的に海外展が続き、スペインへは四回も出掛けた。

二〇〇四年にはキューバ展にも参加するなど依然として熱冷めやらず、「海外での体験はいろんな思いをプラスさせてくれて、自分なりに人生が豊かになりました」と感慨深げである。

六衞さんの作品はオブジェが主体。陶板を何枚も組み合わせたり、時にはアクリル板に陶片を張り付けて、ステンドグラス的応用を試みたりする。例えば、板作りのやきものを仕上げた後、漆を塗って、蛍光物質を散らし、蒔絵《まきえ》風に完成させ、内側からボワーッと凝った手法を浮き上がらせる。時には紫外線は肉眼では見えないのに、特別なアクリル板に照射するとその部分が光る手法を取り入れるなど、まさに六衞さんならではの感性を反映させる。テーマは長年住み慣れた高田という風土を映して「多分に背負わなければならない、雪」という。

森本 昇

伊呂波窯《いろはがま》

「僕は職人というのは職業じゃなくて、生き方だと思っているんです」。いつだったか佐渡汽船の中で、永六輔さんは例の口調で語ってくれた。下町育ちで「しゃべりの職人」である永さんにとって、職人の仕事や気質、技の伝承の重要性などを語るときの職人への眼差《まなざ》しは格別に温かい。

　モノを作り出す職人の知恵や、無骨でありながら確かな手の動き、能力と技と、それに感性を組み合わせて形にする。生き方に迷う時代、冷たい画一的な規格品に飽きたらなくなった心が求めるモノは機械仕事に置き換えられない手作り、手仕事のぬくもりに違いない。

　やきものの世界には、ひたすら職人を目指す人が多い。高田寺町の生まれ。地元の高校を卒業し、「車のデザインのスケールモデルを作りたくて」と浪速短大の工業工芸デザイン科へ。指導を受けた森淳教授が前衛陶芸作家だった関係で、卒業制作はナント、五〇ccの原寸大のオートバイ。ボルトなど細かな部分まですべて組み込み式で作った。「やきものは収縮するのが当たり前。綿密な計算が必要で、タイヤなどは二十本余も作ったんですよ」と楽しそう。「その〝オートバイ〟でグランプリを獲得して、大阪芸大への編入が決まったんですが、職人的手仕事を続けるためには一日も早く体で覚えた方がいい、と教授に言われて…」作家への弟子入りを志した。

　「私は富本憲吉氏の作品が好きで、その系統の師を探していた。たまたま地元に斎藤三郎さんがおられた」が、弟子入りのOKが出

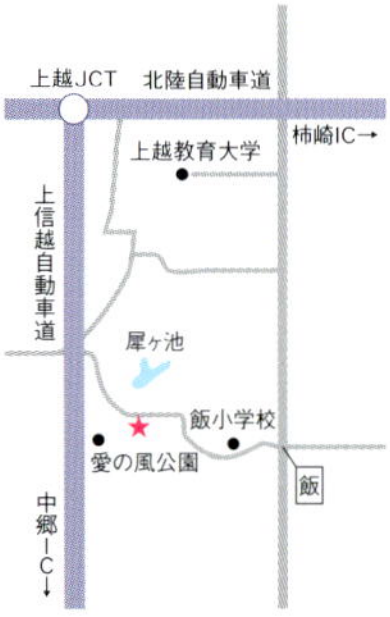

〒943-0897 上越市滝寺592-14
☎025(522)1970

たのは、雪降る中、十日間通った後だった。「小遣いは月二千円だったけれど、東京に展覧会があると『納得のいくだけ見てこい』と余るほどのカネを持たせてくれたのは、うれしかったですね」と当時の陶芸日誌をひもときながら語る。

色絵青更紗紋窓絵大皿（径36cm、高さ10cm）

　三年間の修業後、一九八〇年に富本憲吉がかつて指導していた四国の砥部《とべ》焼・梅野精陶所へ轆轤《ろくろ》師に入った。

「トイレに行ってくると親方に作ったモノがつぶされている。詰めの甘さ、とでも言ったらいいんでしょうか、ちょっとした加減がうまくない。寸分違わずに仕上げるのが職人なんですね」と、そこでは大切な職人気質をじっくりと学んだ。

　全国の職人さんの技術を競う工人展に白磁輪花鉢が入選して、会社の商品として売り出され、好評だったのを機に独立した。Uターンしたのが八三年。最初は登り窯が焚《た》けると金谷山に築窯。二〇〇三年に愛の風公園から日本海が見渡せる雑木林の中に新たな工房を構えた。

　窯の名を「初心に帰って、との思い」で伊呂波窯と付けた。新たに設けられた展示室には日ごろの思いのかたちが勢ぞろいしていて、憩いのひとときを演出してくれる。

　普段は電気窯とガス窯を使い、磁器を素材に白磁、染め付け、色絵、絵付けと作品作りは多彩だ。昇さんの作品には、躊躇《ちゅうちょ》なく引かれた太い筆線の跡を残し、そこに畑仕事で育てたナスやキュウリ、辛夷《こぶし》や山法師の白い花など身近な素材が弾んでいる。そして吹雪いた後の晴れ間の樹木の輝き、春先の原野…。「雪は雪国に住む自分の必須課題ですから、もっともっと深めていきたいですね」と〝高田の人〟は結んだ。

高石 次郎

TENKO《てんこ》

「誌上個展・高石次郎」という小冊子をパラパラッとめくっていて、ハマってしまった。陶芸家・高石次郎さんの作品の一つ一つになぜか心惹《ひ》かれて、それともこの人の作品独特の饒舌《じょうぜつ》さに噛《か》みつかれてしまったとでもいったらいいのだろうか、しばし夢想の世界に遊んでしまった。

「中学の美術教師であった父が陶芸に没頭していたことが、きっかけ」と、陶芸との出合いを語る次郎さんは福岡県太宰府市出身で現在、上越教育大学助教授。佐賀大学特設美術科卒業後、一時、陶芸関係の企業に、その後、有田の県窯業試験場技師に。いうまでもなく試験場は磁器の成形、加飾、釉薬《ゆうやく》、焼成などの技術を研究、開発するとともに、窯元のデザインや技術指導を行うところ。

「有田では陶磁器産業と芸術的な陶芸制作とが画然と分離されることの矛盾を持ちながらの制作だったことが、逆に人間と美術、人間と制作、美術と社会といったそれぞれのかかわり合いから生じる意味への関心を深める下地になった。陶芸という作る行為は人間の深奥の感覚などを深くかかわらせることによって成り立つものです、その所産として、自己実現ないしは自己開発、自己改革が伴うんです」と。

若い仲間と既成の枠にこだわらず思いのたけをぶつけられる研究発表の場を持とうと「クレイワークグループEMON」を結成したのは一九八二年。北九州を中心にした展覧会で「時代の一歩先を目指して模索するわれわれの姿勢に対して〝新しい波〟と評価され、

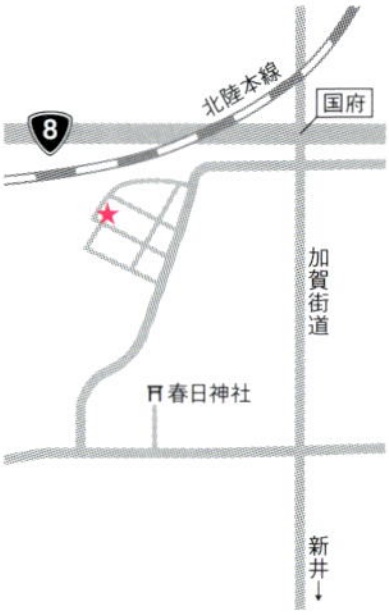

〒943-0801 上越市中門前3-5-1
☎025(545)4090

（左上）Form from Dialogue（幅32cm、奥行き23cm、高さ32cm）
（右上）未知の道（幅53cm、奥行き15cm、高さ34cm）
（右下）Form through Relations（幅24cm、奥行き27cm、高さ25cm）

市民権を得たことです」と成果に満足する。

次郎さんの試みとは現代社会のさまざまな問題点をアイロニカルにユーモアを交えて、陶芸の作品として表現することで、社会との関係性をもっというもの。「人間性が削り取られることへの小さな反抗、メッセージでもありました」と振り返る。

例えば「未知の道」では道の半分をアスファルト、残りを土に見立てて、土の部分に花を咲かせたり、「碗《わん》喰う蝸も好き好き」では抹茶碗の縁にカタツムリをかたどって、今の世の中、もう少しゆっくりしてもいいんじゃないの、と皮肉る。スローライフブームへの先取りであるところはさすが。目と口を作って「目は口ほどにものをいうか」。使えない急須《きゅうす》の形を楽しんで「万事急須」なんてものもある。いずれも土味を生かした詩的な色絵のオブジェである。

現在は表面的なメッセージの作品から、陶芸の素材、プロセス、技術と自分がどうかかわるか、そしてそこに作品が生じるという考えのもとで、新しい作品作りに変化し、新たな展開を見せている。

卒業制作展で最優秀賞を受賞以来、佐賀県美術協会展一席、佐賀県展賞、西日本陶芸展文部大臣賞受賞、朝日陶芸展、中日国際陶芸展、八木一夫現代陶芸展などに入選。ファエンツァ国際陶芸展（イタリア）、ニヨン国際磁器展（スイス）など海外展も多く、大地の芸術祭・越後妻有アートトリエンナーレでも好評を博した。文部省在外研究員として英国にも留学した。

「工房名は英国の陶芸家ジャニス・チャレンコ氏のアトリエの屋根をTENKOと呼んでいたところから頂いた」という。

井部 富夫

滝寺窯《たきでらがま》

秀吉と千利休による「朝顔の茶会」はよく知られた挿話である。利休が素晴らしい朝顔を咲かせていると評判を聞いた秀吉が一見を申し入れる。ところが盛りと聞いていたのに一つも見当たらない。不思議に思って茶室に入ると床の間に一輪だけ入れ置かれてあった、という話である。史実に乏しいエピソードだが、すべてを殺して一輪をよりよく生かすすごさ。できすぎた話としても面白い。つい思い出したのは、たまたま井部富夫さんの仕事場を訪れた時、展示室の焼き締めの花器に、さりげなく野の花が一輪飾られていて印象的だったからだ。

陶芸家は〝言葉の人〟ではないから出来上がった作品から、彼らの手の動き、眼差《まなざ》し、息遣いまで伝わってくるのがいい。中頸城郡頸城村に生まれ、直江津工業高校を卒業し、東京の桑沢デザイン研究所でグラフィックデザインを専攻した富夫さんが、職業の選択で「悶々《もんもん》として…」萩、常滑、京都などの窯元で修業する旅に出た。パナマやコスタリカなど中南米へも足を延ばした。タイのスコタイへ古窯の発掘調査にも出かけた。

そして滝寺に窯を築いたのは一九七八年。近くの山野をぶらぶら渉猟していた時、ふと足元に須恵《すえ》器《き》のかけらが。よく探すと窯跡が見つかった。須恵器は大陸から朝鮮半島を経て、五世紀に日本へ伝えられたもの。「土探しの度に須恵器とおぼしき陶片が続々と出てくる場所があった。いにしえの夢の跡だからこそ、いい土が採れる。それも自然との語らいの中で作れるのがいいんですね」と〈思

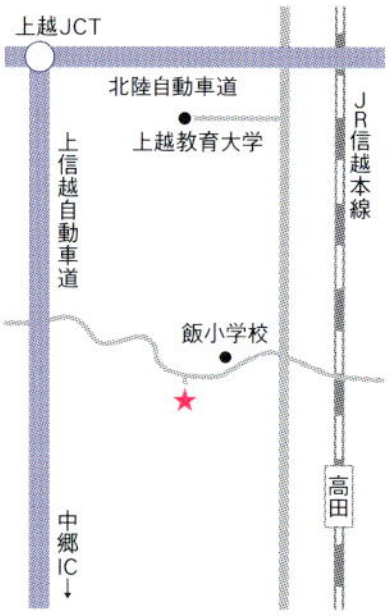

〒943-0897 上越市滝寺1896-1
☎025(522)2365

（右）流砂紋花入（幅20cm、高さ38cm）
（左）焼締大鉢（径40cm、高さ７cm）

い」が固まった。須恵器との出合いがきっかけで、昔の窯跡近くに登り窯、穴窯や塩窯も造った。

野の木々が芽吹く緑の壁に囲まれた仕事場には、たたずむだけで心が自然と和んでくる。硬く踏みしめられた土間からひょいと轆轤《ろくろ》の前に座る富夫さん。土が動くと全身が一つのリズムになって指先から確かな形が生み出される。手練—手は意識の外で動き、滑らかに決めることなく形は決まっていく。厚ぼったさ、重さ、土の性質からくるハンディを逆に、したたかに生かし、使いこなすほどにそのぬくもりをにじます。

地元の良質の土を見つけて焼締める。浜で拾ってきた貝を置き、下に模様を写す「焼締貝目角皿」など何の変哲も無い角皿に一味違った味をにじませる富夫さんの器は「細かな機知が伝統の技に新しい感性を光らせる」と好評。料理雑誌から引っ張りだこの人気だ。

人気ぶりといえば、最近、米国ロサンゼルスにあるレストラン「キートン」から食器の注文が舞い込んだ。それも富夫さんの器で統一したいということで話題になった。友人の紹介で、和陶器に洋ものを盛り付けたいという注文だが「長く使っていただくには、器の主張を控えめにしながらも、オシャレで料理を引き立てなくてはいけないから、これがなかなか」と心を砕く。

かつて「料理のプロがどう感じて使うのか、その勘どころを知りたくて」と萩や京都の高級料亭で本格的に板前の修業をしたこともあったほど。「料理と器は亭主と女房。盛った料理を引き立たせ、手にした時の手ごたえがそっと伝わるものでなければいけない」。至言である。

木村　隆

五智窯《ごちがま》

もう二十年以上も前の話である。私の新聞記者新人時代、新潟日報上越支社に「五智焼を復活させた人がいる」というニュースが舞い込んできて取材したのが、木村隆さんとの出会いである。五智焼は元治元年（一八六四年）に会津の紀興之が著した「越後土産」の「産物見立取組」の番付表に「五智のせともの」としてその名が載っている。当時、五智焼の名窯は五智国分寺周辺にあり、大正時代まで続いていた。

この五智焼を復活させようと動き出したのが地元経済界の人たちである。まだ「地域おこし」「ふるさと創生」などというキャッチフレーズが生まれる以前のこと。「ふるさととの文化をいいかたちで残し、育てていくことは、そこに住む人たちの心の豊かさを実らせていくことだから」との声に押され、白羽の矢が立ったのは日本大学を中退し、瀬戸、益子《ましこ》、丹波で修業した後、生まれ故郷の西頸城郡名立町の山あいに倒煙式の窯を構え、作陶を始めた隆さんだった。

「それまでの私自身の五智焼のイメージは瓦《かわら》といった安手のモノだったんですが、ある茶会で何気なく置かれた床の間の香合に心を盗《と》られた」と偶然の出合いを振り返る。確かに五智焼といえば日用雑器や国分寺参拝のお客目当ての彩釉《さいゆう》五智人形などが主だったから「こんな五智焼もあるのか」という思いがやる気を奮い立たせた。

さっそく隆さんは古い木版画の窯図を調べたり、残っている五智焼の作品を手にしながら「大事なことは土地の名前にこだわるのではなく、その土地から生まれるも

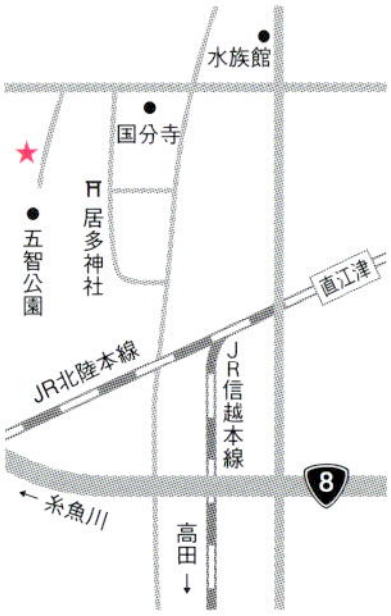

〒942-0081 上越市五智6-6-6
☎025(543)8204

のにこだわるべきで、五智の土は鉄分が多く小石が含まれていて耐火性が無いが、それでもできるだけ良い土を採ってきて、自分なりのやきものを手がけたい」と本格的な取り組みが始まった。

隆さんの創造空間は松林を吹き抜ける風が日本海の潮の香りをそっと運んでくる小高い丘の中腹にある。千五百平方メートルある敷地の中に登り窯や穴窯が築かれ、シラネアオイやイワカガミなどをぬって野の道を登ると、ひび割れた土壁に癒《いや》される三畳ほどの茶屋が憩いのひとときを演出してくれる。仕事場に隣接して民家風のサロンを建てた。自らカンナをかけ、バーナーで焦がした電柱が四隅に組まれ、梁《はり》が重厚である。「お茶を飲んで心を解き放つ時間とでもいったらいいんでしょうか」と目を細める。

「計算できない変化の妙味が好き」と隆さんの作品は焼締めが多い。土の扱いはうんざりするような忍耐力を必要とし、轆轤《ろくろ》の上ではまるで生き物のような動きを見せるやきものには「誰からも侵されない心の深部で燃え上がる炎を愚直に待ち続け、成し遂げる一途な激しさがある」と語る。

最近、穴窯を使って桃山時代からある引き出しの技法で黒茶碗《わん》を試みている。釉薬《ゆうやく》をかけた茶碗を窯焚《た》きの最中に引き出し、水中に入れ、一瞬のうちに冷ます。「急冷すると釉薬の表面にベールがかかった状態になって、なんともいえない雰囲気を内在させる黒の陶肌がたまらない」と楽しそう。五智国分寺の記念法要には雨竜の紋様を細工した古鏡を作って好評だった。「この地での果たすべき役割を自分なりに見つめながら、土と向かい合っています」と隆さんは自らにいい聞かすかのように結んだ。

「爵」（幅20cm、奥行き15cm、高さ17cm）

宮澤 房子

想窯《おもいがま》

「近年は娘と一緒に九十近い母の介護をしながら、のんびりと作陶しております」。魅力的なハスキー声で近況を語る宮澤房子さん。

そういえばかつて房子さんは主婦兼母親兼…と〃兼〃付き作家だった。窯焚《た》きしている時は途中、自宅に舞い戻り、食事の支度や洗濯、子供の弁当作りなどを済ませてまた戻る〃ツバメ返し〃を演じていた。「今は静かに楽しみながら、ひたすら土に向かって…」と穏やかな日々に満足そう。

房子さんの仕事場は新井—柿崎線、上増田交差点を山側に少し車を走らせた、のどかな田園地帯にある。蛇足だが私の実家が新井なので、一時期、私も母の介護のため新潟からしょっちゅう通った思い出をかみしめる道である。

一九九〇年に開窯した創造空間は竹林に囲まれ、野の花が可憐《かれん》に咲き乱れていて、時間に追われてゆとりの無い心を静かに洗ってくれる。入り口に掲げられた板飾りの「想窯」。「〃想〃を『おもい』と読んでください。それも深い…」と、まず。和風展示室の飾り棚には最近作の花器や茶碗などがさり気なく並べられていて楽しい。

房子さんは高田北城高校を卒業、地元の明治中学校の事務職員を経て、結婚。教員である夫の転勤で新潟に住むようになって、足しげく通ったのは展覧会。古美術が好きだった父親の影響からか、たまたま藤原啓、雄の親子展を見た時、「ああ、これが父の口癖だった『渋くていいだろう』ということなのか」と目覚めた。

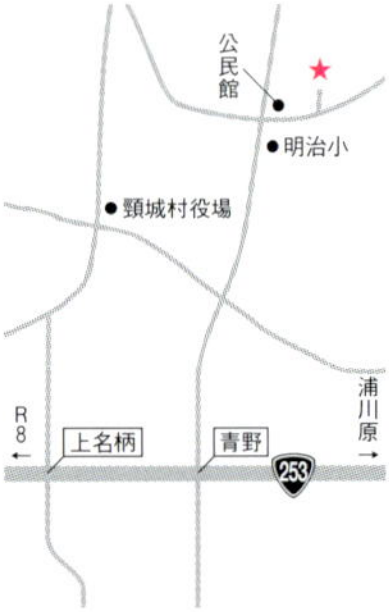

〒942-0203 中頸城郡頸城村上増田
☎0255(30)4354

窯変水芭蕉扁壷（幅37cm、奥行き20cm、高さ60cm）

さっそく石山公民館の陶芸教室へ。その後、田上町の土生田《はにゅうだ》焼の石田一平氏に指導を仰ぎ、再び上越に戻ったのを機会に今度は妙高焼の高井進氏に作品を見てもらうようになった。作り方の〝手の裏〟まで話が弾んで以来、土練りなどの手伝いに通った。「こうした体験で私自身の基礎が次第に固まっていったように思います」と振り返る。

「あくまでも作為を排し、自然体」が作品のモチーフ。「普通の釉《ゆう》薬《やく》の掛け方と違って、必ずどこかに土の匂いを残しておく土肌がきちんと見える使い方をし、そのために土と似合う釉薬を求め、釉薬の主張を抑えたい」と語る。

作品は例えば、九二年の新潟工芸展NST賞受賞作「窯変壷《つぼ》」は焼締めた球形の壷の表面に炎の走り跡を荒れ狂わせており、県展出品作、板作りの組み立て壷「岳」では五十㌢の変形直方体の素焼きに赤松の灰を張り付け、それが燃えて溶けないように窯焚きを工夫、岩肌の感じをうまく表現するのに成功した。もちろん使っているはずの釉薬を見る人にまったく意識させず、隠し味をきかせているところがミソ。わびの趣の内側に華やかさが漂い、独特の気品を備えていて美しい。この人の内からにじみでる美意識が形になっているからに違いない。

二〇〇三年二月、ハワイでちょっとした個展をしたことがある。「焼締めの渋さを米国人に分かってもらえるのだろうかと思っていたら、自然に受け入れられて」とカルチャーギャップの乗り越えにホッとした様子。最近は陶人形やヌードの陶額も手掛けだした。「写実的で愛らしく、ついつい微笑《ほほえ》んでしまいそうな…私の願望も入れて…ウフフ」と声弾ませていかにも楽しそうだ。

妙高焼《みょうこうやき》　高井陶房《たかいとうぼう》

高井　進

　高井進さんが中国で作陶指導しているという話を聞いて、私も江西省景徳鎮と河南省神后鎮へ二回、ご一緒したことがある。進さんが中国に目を向けたのは一九九一年に日本陶磁芸術交流代表団の一員として、初めて訪中したのがきっかけで、その後、毎年訪れてきた。

　かつて日本にやきもの文化を伝えた中国の〝重さ〟。「その重さに圧倒されたものの、埋もれたままになっている陶芸の歴史に学びながら、日中の作家たちが相互に感性を触発し合いたかったんです」と趣旨をひもとく。

　景徳鎮の景東瓷業窯業での技術交換会では、中国の人間国宝、中国工芸美術大師・張松茂さんが中国磁器特有の景徳鎮青花のきめ細かな染め付けのやり方を披露。進さんが和紙の短冊にエアブラシで吹き付けて行うグラデーションの出し方、絵付けの仕方を試みて、相互に手の内をあかしながら〈時代〉への対応について活発な話し合いを行った。その成果は上越市での日中交流展覧会の盛り上がりに見られるように、陶芸を通じた民間の地域文化交流に結実してきている。

　そもそも妙高高原町池の平出身で前橋商業高校を卒業後、東京でサラリーマン生活を送っていた進さんが妙高焼を開窯したのが四十歳の時。かなり遅い出発である。それだけに苦労の積み重ねは「山になるほど」と言うだけで、後は笑い飛ばす。

　「日本伝統工芸展に入選し、短期間で日本工芸会正会員になった熱心さは比すべきものは無い」と、

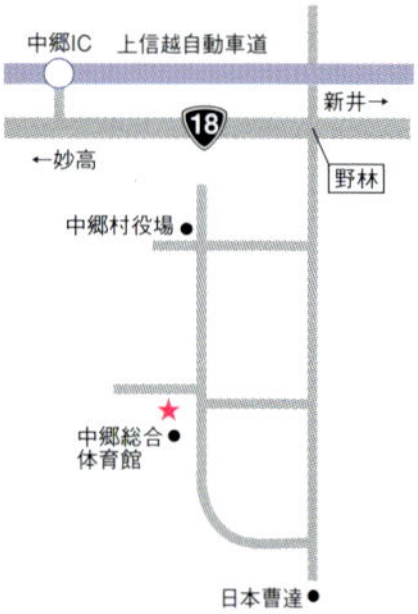

〒949-2302 中頸城郡中郷村江端
☎0255(74)4020

青瓷壷（径39cm、高さ35.5cm）

師である人間国宝の三浦小平二さん。「よくここまできましたね」と感心する。

　手掛ける作品は青磁、白磁、黄磁、米色磁、鈞磁《きんじ》などピーンと張り詰めた緊張感を誘う磁器類。黒に近い味わい深い藍《あい》色の瑠璃《るり》油滴や、陶額、彩泥吹染めなども手がけ、妙高山の溶岩や野ブドウの灰を使って釉薬《ゆうやく》を試みたり、日本海沿岸の原砂を混ぜて流砂茶碗《わん》を焼いたり、地元の清水に浮かぶ朱の鉄分微粒子を用いて蘇浮青磁を完成させたり…と多彩だ。

　素材だけでなく造形にも感性をひらめかせ、妙高の原っぱの石ころや木の根っこが付いた原土を粘土板に張り付け、わずかばかりの青磁の釉薬を流して、オブジェに仕立てる。荒削りな土の持ち味に青と白の清涼さが加わって風土の香りをにじますと好評。そうした好奇心旺盛《おうせい》な表現活動の意欲は、衰えを知らない。

　ところで進さんには障害者たちとのやきものを通じた交流という、もう一つの顔がある。例えば新井市の心身障害者通所作業所「のぞみの家」の園生らを指導して、魚の陶板を作り、オールシーズンプールの玄関口を飾った。上越市の身体障害者療養施設「かなやの里」でも指導しており、長野市で開かれた進さんの個展に併せて彼らの作品も展示。それをきっかけに信州大学付属養護学校の生徒に「かなやの里」の人たちが〝先生〟として一緒にやきもの作りをするなど、土と触れ合うことできちっと地域に根差した交流の輪を広げてきている。

　そうした地道な活動で二〇〇〇年に新潟県知事表彰（芸術文化功労賞）を受けたのをはじめ、上越市表彰、ＮＨＫ地域放送文化賞、新潟日報文化賞などを受賞している。

小川 喜代治

奴奈川窯《ぬながわがま》

琳派の画家・尾形光琳の弟、乾山はその陶法伝書の中で「およそ日本の土でやきものにならざるはなし」と語っている。これは丹念に探せば日本中どこでも必ずやきものに適した土がある、という意味と、彼自身のやきものにかけた大きな自負の表れと解せる。

　北アルプスに向かって深く谷が刻み込む西頸七谷。その一つ、西海谷に入ると、水保川沿いに自在に枝を広げる欅《けやき》の大木の脇に小川喜代治さんの窯場がある。見事な欅を見やりながら「こんな所に住んでいると自然と心が豊かになります」と微笑《ほほえ》む喜代治さん。糸魚川高校を出て金城短大美術科で油彩を学んだ。卒業後石川県小松市で絵画教室を開き、子供たちに絵を教えていた。ある時、陶芸家の九谷興子氏の所で土こねや窯作りを手伝っているうちに「故郷の土を持ってきてやってみませんか」と誘われ、「たまたま実家の裏山に使える土があったのが、この道に入るきっかけになった」と言う。

　九谷氏は加賀百万石が生み出した五彩の釉薬《ゆうやく》を用い、艶《あで》やかな色絵で知られる九谷焼の中世の古窯を発見・復元し、裸婦を大胆に描く巨大な陶壁作りに心血を注ぐ異色作家。陶芸界の重鎮・加藤陶九郎氏から「今までのモノをぶち壊し、新しいモノを創造する。それをやったからこそ後の世に残る」と声援を送られた、その人である。

　九谷氏の作品がドイツ国立ダーレム美術館に買い上げられ、その縁でヨーロッパの美術関係者が毎年のように工房に訪ねてきた。そんな雰囲気の工房へ卒業後も指導

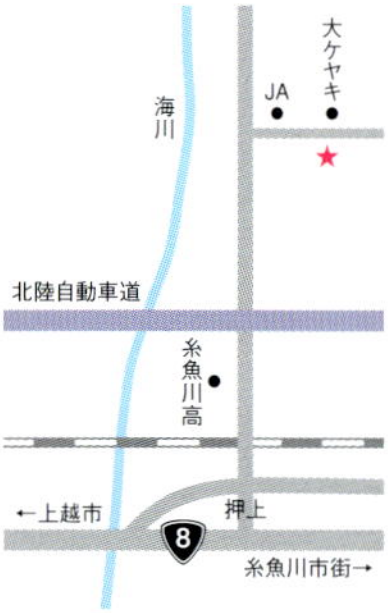

〒941-0043 糸魚川市田中337
☎0255(52)0708

を受けに糸魚川から毎月通った。「『禁ずることを禁じる』と言った先生の言葉が印象的。型にはまったことを捨てて自由にやる、をモットーにしています」とうなずく。

白釉銅彩鉢（径38cm、高さ８cm）

一九八八年に半地下式穴窯を築窯。地元に残る奴奈川姫伝説から窯名を頂いた。「薪《まき》に不自由しないが、今の時代、薪を使うこと自体、すごい贅沢《ぜいたく》。穴窯は窯の中の湿気がものすごく、それが逆にいい味になる。窯焚《た》きは三、四十時間付きっきりで地獄ですが、火の勢いを見るため、少しも気が抜けず、その真剣勝負のところがたまらなく好きです」とも。

陶、磁器の両方を手掛ける。生地に土分の多い陶器は失透性で、たたくと鈍い音がするのに比べて、磁器は生地が焼かれて磁化し、半透明で澄音がする。絵が好きだから、初め草木紋様を描いた鉄絵にハマり、三島などにも幅を広げ、今は焼き締めや白釉を使った花器や器作りに凝る。

これまで陶光会や新槐樹社展などで入選してきた。例えば会友に推挙された時の作品はオブジェ。紙を円柱にふわっと巻いた感じを出し「陶の概念を意識的に壊してみた」と現状打開に挑戦する。普段は日用雑器が主体。九谷焼の作風と、かつて油絵で一陽会に連続入選した腕が相まって「素朴清新」の四字熟語が似合う仕事ぶり。ある意味でやきものは足腰で作るもといわれる。昔は農作業の中で自然に足腰を鍛えていた。百五十坪の畑でトマトやナス、オクラなどを育て、季節の採りたてを楽しむ。陶芸教室の生徒たちにおみやげに持たして好評である。「職人というのは自然とのかかわりの中で生きるものだと思う」と、ボソッと言う喜代治さんのセリフがいい。

坂井 尚子

閑閑房《かんかんぼう》

海べりで山がストンと落ち込む。西頸七谷の一つと呼ばれる糸魚川市・早川谷へは焼《やけ》、火打《ひうち》、雨《あま》飾《かざり》の深い山並みを望みながら分け入って行く。かつて人はこの道を瞽女《ごぜ》道とも呼んだ。これまで巻町四ツ郷屋で作陶生活を続けてきた坂井尚子さんは新たに早川谷猿倉に第二の仕事場を持った。「大自然の中で思いきり創造力をかきたてたい」との長年の思いを、両親のセカンドハウスだった民家を活用しての、行ったり来たりの生活を楽しんでいる。

　新潟市生まれの尚子さんは伝統工芸品を好んだ両親の影響で幼い頃からやきものには親しんできた。小学生の時、友達とやきものクラブを作った。

「日常使えるものを粘土で自由に作れる魅力に惹《ひ》かれて、というのがこの道に入るそもそものきっかけかな」と振り返る。

　文化学院陶磁科を出て、学生時代から遊びに行っていた茨城県笠間へ修業に。寺本守氏に弟子入りし、ひねもす日用雑器を作り続けた。ひたすら職人的技術を学んだ後、さらに同県の窯業指導所で研修。「三年間いた笠間では、生活していくために量産するものと、個展用に作るものの両面を厳しく学びました。作家たちが建てた山小屋があちこちにあって、とてもいい環境だった」と楽しそう。窯業指導所では釉薬《ゆうやく》科に入った。

「調合する特殊な計算があるんだけれど、もともと理数系が嫌いだったから、難しいんですね。今はコンピューターで計算してしまうんで、ちょっと興ざめなんですが…」と言いながらも三年間みっちりと。

〒949-1206 糸魚川市大字猿倉385
☎0255(59)2382　025(239)3538(巻町)

「とりあえず食べていけるかどうか」と思いつつ、Uターンし、たまたま実家からさほど遠くない四ツ郷屋に貸家が見つかり、仕事を始めた。そして結婚。新しく造ったアトリエを、名付けて閑閑房。「心穏やかに暮らしたい。響きがいいので帽子のカンカン帽にひっかけて」と笑う。

UZUMAKI BOWL（大・径20cm、高さ9cm）

尚子さんは食器や花器といった日用雑器が主体。初めの頃は織部や黄瀬戸系の明るいものを作っていた。いろいろ試みた結果、今は自分らしさが一番出ると感じて、鉄釉を使っている。長石、灰など基本的な調合に酸化第二鉄、通称ベンガラを混ぜた着色剤を加えて、深い赤を求める。土の安らぎと火のぬくもりがもたらす手触りのエッセンス。装飾性を秘めたシンプルさに、土の生理に即した自然さがにじんでいて鮮麗である。

「私の黒は光った民芸調の黒ではない。艶《つや》を消した存在感のあるものが好き」と言い切る。朝日現代クラフト展'04に入選した「UZUMAKI BOWL」は大中小の入れ子になるような組み鉢で、タタラと型を使って、ボウルの形に鉄赤釉を掛けて仕上げたもの。「湯呑《の》みなども作っているものだから『愛用していますよ』といった手紙を思わぬところから頂いたりして、うれしいですね。食器は使い易さが命だから、大勢の人の意見を聞かなくては」とうなずく。

そういえば尚子さんは女友達と二人でインドを三カ月間旅したことがある。「カルカッタ、ベナレス、ブッダガヤ、ダージリンからネパールを回り、すごい貧困の中でも生き生きと目を輝かす人たちを見て、あまりの便利さにどっぷりと浸った自分がどこか不自然に思えた」と悟る。時計を忘れた悠久の大地に今も心を燃やす。

金井　正

窯

潮風が海の匂いを運んでくる。広さ千三百二十平方㍍もある敷地に建てられた山小屋風の金井正さんの工房は緑濃い林が美しく、静寂に包まれていた。初めて訪れた時のことを忘れない。窯出しの最中で、ピーンピンという澄んだ音がまるで産声を上げるかのように耳を心地よくくすぐった。聞けば青磁の表面に細かなヒビが現れる貫入の音だという。「やきものが生きているようですね」と問い掛けると、「いや、ホントに生きているんですよ」と目を輝かせた。

　そもそもやきものをやるきっかけになったのは高校二年の時、ふと手にした一冊の本、陶芸家で人間国宝・荒川豊蔵の「志野」。「なぜかスーッと惹《ひ》かれるものがあって、気が付いたら家出していた」と言うからすごい。右も左も分からない岐阜・多治見の町で「弟子にしてほしい」と上がり込んだら「高校を出てから…」ということだったが、弟子を持つには先生が七十三歳の高齢だったので、話は後日、ご破算となった。

　とりあえず糸魚川高校を卒業、京都府立陶工専修職業訓練校に入った。紹介されて、日本陶芸界の第一人者である清水卯一氏に付いた。「弟子とは教えてもらうものではない」と言われ続けて五年間。「今思うと、たまらなく充実した時だった」と振り返る。その師が亡くなった朝、すっ飛んで行った。「小手先の技術で奇抜なこと、目新しいことを追うのではなく、精神性の高いものを作らなければならない」との師の教訓を改めてかみ締めたという。

　日本伝統工芸展、日本陶芸展な

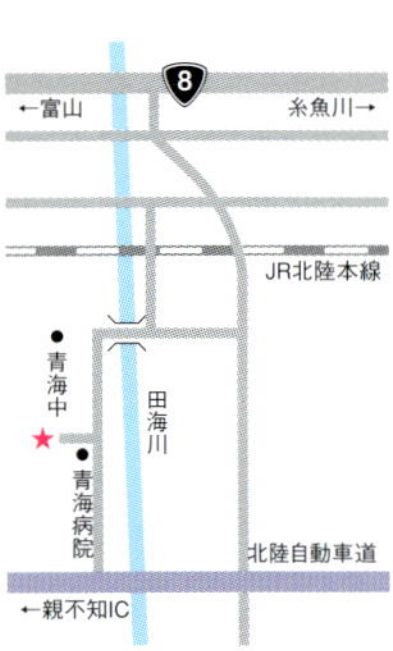

〒949-0300 西頸城郡青海町名引
☎0255(62)5669

青白磁印華紋水指（径20cm、高さ16cm）

どに入選が続き、第三十五回伝統工芸新作展で奨励賞を受賞。一九八〇年に「網目壺《つぼ》」が外務省お買い上げ、八五年に日本工芸会正会員になる。最初は鈞《きん》窯から入って磁州窯風・白地黒掻《か》きの作品を作っていたが「どうしても青磁を」と本格的に。

青磁は透明釉《ゆう》に微量の鉄分を加え、特有の青い色を発色させる中国で生まれた磁器制作技法である。後漢末に越州窯で焼成されるなどその歴史は古い。

「私自身、中国のものはどこか冷たくて人を拒絶する固定したイメージがあるので、人の心がスーッと入り込んでいける、温かい青磁を目指したい」と、〝雨過天晴〟調のさわやかで奥深さを期している。

正さんの青磁は「横曲線紋」に特徴がある。轆轤《ろくろ》で丸く壺に挽き上げて、すぐ墨汁で線描きし、土が乾かないうちに自家製の木ヘラで表面を内側に押し込むようにウエーブを作っていく。釉薬は四ミリの厚さで均一に掛けるが、内、外側のバランス具合が微妙ですこぶる難しい。磁器は土ものと違って、成形で寸法が変わったとか、灰が掛かって面白いとか、酸化還元の炎で色合いが出たとかという偶然とは無縁の造形美を追及する仕事といえよう。

青磁の魅力は凛《りん》とした形の表現にあり、適度の緊張感がみなぎって、その滋潤な色調は知的な雰囲気さえある。中国では翡翠《ひすい》玉のイメージからその探求が生まれたともいわれる青磁。青海町に生まれた〝血〟が青磁に駆り立てるのかもしれない。「作家は孤独になって自分自身に問い掛けなくてはならないことが多い。へんぴな西の端っこにいて、地方発を大事にしていきたい」と創造への炎を加速させた。

国三窯《くにぞうがま》

渡辺 陶三

厳しかった冬を終え、水ぬるむ春と共に息をひそめていたカンゾウの花が咲き、海も優しさを取り戻す時、佐渡観光の始まりである。その観光が低迷している。かつて佐渡を訪れた観光客は一九九一年度で百二十三万人を超えていた。それがここ十年余、連続して減少が続き、三分の二以下に落ち込んでいる。地域経済に大きな影を落としていることはいうまでもない。

　私が初めて渡辺陶三さんを訪れた時は、彼の経営する渡辺陶園に次々と観光バスが吸い込まれ、無名異焼の実演と販売を兼ねた佐渡観光の「お立ち寄り場」として、とても賑わっていた。

「厳しいですね。二万平方㍍の敷地内に併設されていた割烹と鮮魚センターは今は閉店しております」と陶三さんは端正な顔を曇らす。その分、作陶への意欲が熱く見える。

　国三窯は江戸・文化年間（一八〇四—一七年）に大祖父、渡辺伊三郎氏が開窯。一八九四年に祖父、国三氏が玉翠軒国三窯と名付け、陶三さんは四代目。岐阜・多治見工高窯業科を出て、千葉・松戸に住む陶芸家・宮之原謙氏に弟子入り。「そこは石坂泰三、水野邦夫といった財界のトップクラスが門下生にいて、日本を動かしている人たちの普段着の姿に出会えて面白かったですね」と振り返る。

　陶三さんの師の師が板谷波山である。「波山先生はやきものをやる人には雲上人みたいなすごい人なんですが、孫弟子の私には優しく、ある時、私の作品に『いいじゃないか』と声をかけてくれて喜んでいると『褒めるところが無いか

〒952-1206 佐渡市大和622
☎0259（63）6116

無名異焼　金襴壷（径28cm、高さ38cm）

らいいといったんだ』と一本とられました」と思い出をひもとく。「香炉《こうろ》一つとってみても、煙り返しがなぜいるのか、分かっているのと、いないのでは出来栄えがまるで違います。モノ作りの心構えができていないと形にならない」。いろいろと教えられた。

陶三さんは日展、日本現代工芸展、光風展などに入選を続け、北欧やニュージーランドなどの海外展も実現。陶磁文化二千年の中国二大陶都・景徳鎮《けいとくちん》、宜興《ぎこう》を訪れ「国際陶芸祭に参加、作家たちとの交流を深め、名陶工たちの真髄に触れました」と語る。

東陶会会長賞を受賞した六十センチの無名異焼締め大口花器。「轆轤《ろくろ》の勢いが勝負です」と。無名異の素地を生かそうと、金銀を使った金彩風車紋大皿などを手がけ、時には作品の半分以上に金を使った金《きん》襴手《らんで》で華やかさを表現。「無名異の土はいわば裸。内も外もないシンからの赤土。この赤に対等に組みすることができるのは金銀なのです」と説く。

一九六九年に島に戻り、陶芸家として新しい生き方を模索し始めた。その一つが子供たちのやきものへの関心を高める試み。「佐渡の伝統的なやきものに肌で触れることは島の歴史や文化を知ることになるんです」と陶三さん。体験学習の場を提供し、最盛期には年間九千人以上が訪れ、長年の積み重ねが豊穣さを紡いでいる。外国人の受け入れにも積極的で、これまで東京芸大へ客員研究員として留学していた中国・中央工芸美術学院講師、鄭寧さんが一カ月滞在したなど、その数は多い。国三窯は代々という家柄である。意思を持って佐渡に住んでいるからこそ独自の地方文化を創造し、いいかたちで実らせてきているといえよう。

朱鷺《とき》オカリナの里《さと》 城南窯《じょうなんがま》

池田脩二

母校・佐渡高校のある獅子ケ城の南にあった池田脩二さんの仕事場・城南窯がバイパス建設工事に掛かり、新しい拠点に移った。佐和田中学校近くの海の見える高台にある。「私のあこがれの地はスペインのバルセロナなもんだから…」と工房はトキが羽を広げたイメージで、スペインの〈風〉が感じられる瀟洒《しょうしゃ》な建物。訪れた人たちにオカリナのさわやかな音色を聞いてもらいながら、「幼き頃、トキが飛翔した松林を見やりながら、ゆったりとした〈時〉に身をゆだねてほしい」と脩二さんは誘う。

県無形文化財の蠟《ろう》型鋳金家・池田逸堂さんを父に持つ。佐渡高校を卒業後、三年間島内で修業し、その後、東京でインテリアを学び、Uターンして一九七四年に開窯した。揺るぎない強力な個性の主張を持つ脩二さんの作品は、その秘められたストーリーと戯れる楽しさを味わわせてくれる。佐渡地元の鉄分の多い土を使い、白い灰釉《ゆう》を施釉して、焼成。炎の偶然性を加味した素敵な作品に仕上げるところはさすが。

第十八回日本現代工芸展で現代工芸賞を獲得した「ミラーボックスからの展開」はやきものと金属、アクリル樹脂を織り交ぜたもので物質文明に駆逐されていく現代の悲劇性をとらえ、県展奨励賞を受賞した「未来へのメッセージ」では人間の創造の手が自然破壊の張本人でもある厳しい現実を問わず語りしていて、見る人の心に迫ってくる。日用雑器にも個性をにじませ、器と香りと明かりを一体化した空間の造形に切れ味を示す。

〒952-1324 佐渡市中原15-12
☎0259(57)2368
http://www.nemaranse.com

朱鷺飛翔（径35cm、高さ40cm）

「中学の校庭脇の田んぼに舞い降りてきた野生のトキを目の前で見たのが中二の時」と脩二さん。絶滅寸前のトキが騒がれる以前から、創作のテーマに掲げてきた。「今のトキはゲージの中にいるだけで美しさを発見することはできない。私自身のトキは、あの時の強烈な印象で、いつでも佐渡の大空を飛んでいるんです」と思いをよみがえらせる。

一九八六年、小木港の大時計塔に「友情の朱鷺《とき》」と題し、陶板に四羽のトキを放った。その二年後、佐渡汽船「おおさど丸」のラウンジ陶壁に、最後に捕らえられた野生の五羽のトキを刻み込んだ。トキをかたどったオカリナを手がけ始めたのも、滅び行くトキへのこだわりである。「オカリナの語源はイタリア語でガチョウの卵という意味なんですが、偶然にもその卵のイメージからトキの形が生まれたんです。吹いている時にトキだと分かるような形にするまでに、いろいろと試行錯誤を重ねたんですよ」と楽しそう。

「オカリナはオモチャでない。音の国際基準が決められていて、焼き上がってからでは音の調整ができないから難しい」と苦労するだけあって、専門家からの注文も多い。少しでも野生のトキを滅ぼした社会に対する警鐘になればと「トキ・オカリナのための組曲」などすでに百曲余を作曲。「食もそう。今の時代、大切なことはスロー、心のゆとりです」とうなずきながら、お寺やワイン蔵などで開かれる演奏会に飛び回る。

ところで一人娘の早季恵さんが新潟大学工学部食品化学工学を専攻し、大学院進学直前に進路を陶芸に変えて、父親に弟子入りした。奥さんの紀子さんもすでに陶芸家であり、これからは三人三様の展開に期待したい。

真野陶苑《まのとうえん》

田村 吾川

涼しげに打ち水された玄関を入ると、火鉢に鉄瓶がチンチンと小気味よい音を立てている。茶陶の第一人者である田村吾川さんに、自らの茶碗《わん》で一服たてていただく至福のひとときを過ごした。

炭は湯の沸くように置き、花はその花のように生け、夏は涼しく、冬暖かに…「茶道の秘事」について千利休が語っている言葉である。

茶人は茶渋の付いた茶碗を「なごりがある」と称する。汚れといってはなんだが、それが美に変わるのは、もしかしたらやきものの世界だけかもしれない。茶がけした茶碗を〝虫喰《く》い〟、シミが付くと〝雨漏り〟、ヒビが入ると〝稲妻〟などと名を付けて豊かな時間を楽しむ。窯の中で押しつぶされたものの中にも価値を見つけるところなども面白く、ゆったりと無心になって今、そこにある日常から自分が解き放たれていくのが感じられる。

吾川さんは阿賀野市、かつての安田町生まれ。幼き頃から家業のすり鉢作りを手伝っていた。一九三八年、日本工芸界の重鎮、鋳金の佐々木象堂氏や文展審査委員で陶芸家の宮之原謙氏らが中心となり「新潟で陶芸家を養成しよう」と新潟陶苑が創設された時、直ちに門弟として参加した。

四〇年、「〝赤紙〟で中国に飛ばされ」終戦。醸造業を営み、県議の松井源内氏が私財を投じてつくった真野陶苑がオープンするにあたって、島に渡った。今でいう町おこしで、これまで佐渡にあった無名異の土を使う〝赤もの〟ではなく、釉薬《ゆうやく》を駆使。人間国宝で

〒952-0305 佐渡市長石311-2
☎0259(55)2323

彩泥福久三様文花瓶（径25cm、高さ25cm）

ある象堂との師弟関係は厳しく「プロをごまかせるような仕事をしろ、と。当時はイヤ味に聞こえた訓示が、今ではとてもよく分かるんです」と振り返る。

「天才です」と語る象堂氏については、繰り返しやるデッサン、作っては直し、直しては作り続ける制作態度に「一つのものを成すには、そう簡単にできるものではないということを学びました」と師の姿勢に頭を下げる。

陶苑の真野山焼は地元、沢根の土に信楽《しがらき》の泥を化粧掛けして、陶肌に白色をにじませ、トレードマークのフグを絵付けする。これが「新婚さんへの贈り物に腹が膨らむ」と大好評。

吾川さんの窯変釉は素地を作って施釉する調合の分量を微妙にコントロールし、酸化物を混ぜる。例えば彩色窯変といって、壷《つぼ》の天地が緑、赤、白とだんだんに色釉されていて、鮮やか。一九年生まれにしては吾川さんの感性は若い。

現代工芸展会長賞に輝いた「民家・薬壷曼荼羅《まんだら》」は五寸釘で削りながら、エジプト風抽象的な模様を浮き彫りにした手法の焼締め。日展、現代日陶展、朝日展、光風会展などに入選を重ね、現在、県展参与、美術家連盟名誉会員。

ところで吾川さんのふるさとへの思いは熱い。かつて安田で個展を開いた時に「地元の文化の振興につながれば」と安田賞の制定を提唱して、三十五年余、自ら奨学金を出してきた。合併で阿賀野市が誕生して、一応の終止符を打ったが、吾川さんの気持ちを受け継いで育った子供たちが、いろんな分野で地に足をしっかりと付けた活躍を見せており、地域文化を育てる地道さが、いいかたちで花開いているのを感じる。

石塚 三夫

喜兵衛窯《きへいがま》

　年季の入った職人さんはどちらかと言うと口下手が多いが、手は饒舌《じょうぜつ》である。太い手首に刻まれた皺《しわ》の一本一本に長年の汗の苦労をにじませる。常に技を磨き続ける職人たちを〝木賊《とくさ》の味〟に例える。その匠《たくみ》ぶりが日本の文化を支えてきた。木賊はかつてモノを磨き、輝きを出すのに用いた植物だったからだ。県内陶芸家の屋台骨を支えてきた佐渡の匠たちの中には、こうした気質を秘めて地道に作陶してきた人たちが多い。

　大佐渡、小佐渡の山並みに囲まれた旧真野町金丸の石塚三夫さんの仕事場。壁に島の漁師が使い古した櫂《かい》が掛けられ、「雪・月・花」の彫り込まれた文字。「この言葉が好きでしてね」と開口一番。展覧会の出品や個展などに見向きもせず、ひたすら日用雑器の中で、使いやすいモノ作りだけを目指して、質素にコツコツと作り続けている人である。

　金丸で生まれた三夫さんは佐渡高校卒業後、「絵の好きな人求む」の広告に惹《ひ》かれて平凡社の下請け出版社に就職。「初めカメラマンになろうと勉強していたので写真については詳しくなりました」と三年半のサラリーマン生活をひもとく。

　三男だが親の面倒をみることになってUターン。「たまたま金井の陶芸家・源田貞雄さんが親父のいとこだったもんで…」習うことになった。鬼太鼓の陶面を型おこしして作る源田氏について七年、毎日隣町に通った。独立したのが一九八〇年。屋号から喜兵衛窯と名付けた。

　土は「両津の秋津産だけれど耐

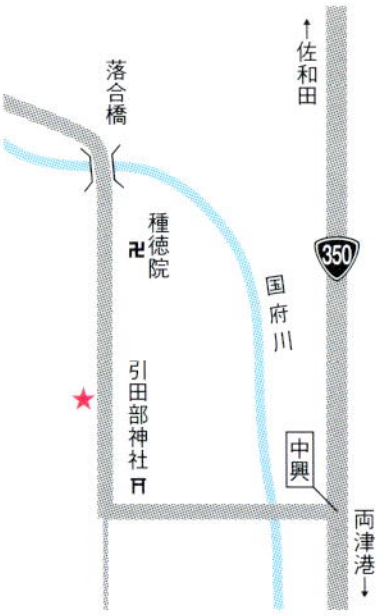

〒952-0307 佐渡市金丸106-1
☎0259（55）3727

火性に弱い」ので信楽《しがらき》を混ぜて使う。偶然ため池を掘っていた農家の人に教えてもらったという地元の土。「四トン車二台分くらいの粘土はありますよ」と言う。「佐渡には沢根野坂と羽茂小泊の二カ所にいい土があったんですが、だんだん埋蔵量が少なくなってますね」と心配する。

窯変印花文花器（幅23cm、奥行き18cm、高さ21cm）

　作品の特徴は象嵌《ぞうがん》手法。轆轤《ろくろ》で挽いた陶磁の表面に模様を削り取り、そこに素地と異なった色土を嵌入《かんにゅう》し釉薬《ゆうやく》を掛けて焼成する。例えば竹の切り口に切れ目を入れて根気よく押していく。へこんだ所へ白土を入れ土灰をコンプレッサーで薄く施釉して焼締めると、綺麗《きれい》な花びらが浮かび上がってくる。

　手の込んだものは二日がかりで一センチの花びらを千個くらいも押す。出来は完全に乾くまで分からない。「やっと押し終えて、裏を返すと、粘土の粘りが悪く、ひび割れがあったりするとガクッときます」と言うものの、「手になじんでいたのに…壊してしまったので同じ急須《きゅうす》が欲しい」といった注文のはがきが舞い込むと、途端に「疲れが吹っ飛んでしまいます」と明るい。窯変にもこだわりをみせる三夫さんでもある。

　「酒が好き。サンマ一匹のせる自分用の皿を作ったら、ぜひといった注文も多いので」別棟にショールームを造った。趣味は料理。春の季節は野山を駆け回って、山菜取りを楽しむ。家の横の畑にはピーマンやプチトマトを植えて菜園に精も出す。「盛り付けされる料理を主役に立てながら、それでいて皿自体、独自の主張を持つ、そんなやきもの作りを常に考えています」と。もしかしたら今晩はイワシのヌタを作って、冷やでグイッと一日を締めくくっているかもしれない。

若林 善一

一窯《はじめがま》

　人間国宝の伊藤赤水さんは最近よく「グローバルな形で仕事をしたいという気持ちは多くの人が持っている。グローバルな世界に一歩でも近づいていくテコとなる力はリージョナルな（地域としての）視点で、自分が生き立脚している地域の色を色濃く出していくことだと思う」と語る。

　中央ではなく地方から文化を発信していく時、初めは必ずといっていいくらい誰しもに戸惑いがある。でも赤水さんの言葉を聞いていると、それがスーッと消える。バブルが弾けようが弾けまいが地方に築かれてきた文化は決して揺るがない。問われるのはその重さに気が付いて行動するか、どうかである。

　若林善一さんの仕事場は風雪に時を刻まれた板壁の味噌《みそ》蔵が軒を連ねるマルゴ味噌の隣にあった。そもそもの始まりは「真野中の陶芸クラブで轆轤《ろくろ》にハマった」こと。卒業後すぐ金井の渡辺陶苑で渡辺国三氏に師事。「七年目ぐらいになったころ、問屋に卸した私のぐい呑《の》みが返品をくらった。先生は分かっていても何も言わなかった。ちょうど慣れてきた頃だったものだから、先生は黙って物の見方を教えてくれたんですね」。師の優しさで、素直に自分を奮い立たせた。十一年間勤めた後、独立。名前の一字と「一」の意味を込めて「一窯」と付けた。

　最初は絵付けやワラ灰を使った白乳色の釉薬《ゆうやく》もの、焼締め、青磁など多方向の小品を作っていたが、半地下式穴窯を築窯して、そこで焼締める高さ一メートル余の大壺作りが善一さんの得意技である。何

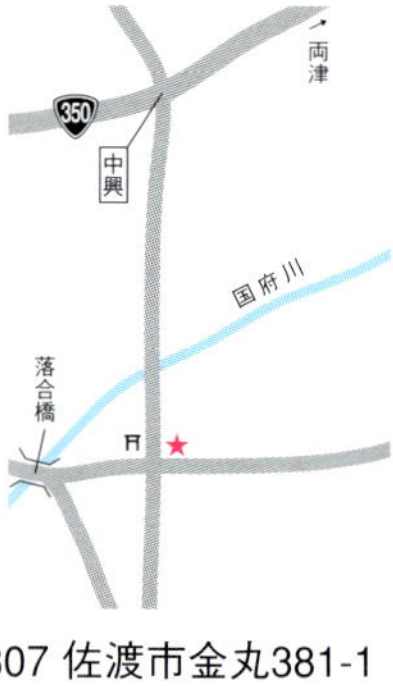

〒952-0307 佐渡市金丸381-1
☎0259(55)3725

灰釉水指（幅15cm、高さ25cm）

しろ一メートル以上の大物制作は、かなりのエネルギーが求められる。まずひも状にして積み上げていく。挽き上げは蹴《け》轆轤だが、徐々に高くなると自分の足で蹴って回し、手で形作っていくわけにはいかなくなる。

　そこでだが、たまたま私が訪れた時は二人三脚で取り組んでいた。奥さんの足の蹴り具合と善一さんの土を挽き上げるタイミングは、阿吽《あうん》の呼吸というのだろうか、掛け合う言葉はそう多くなくても、自然にピタッと息が合っているところがすごい。

　とにかく大きなものだから、壺《つぼ》の肩の部分、口に向かってしぼませていく時、粘土が柔らかいゆえに、それだけ内側に落ちてくることもあって苦労するという。

　穴窯は斜面に縦に溝を掘り、天井をかぶせた古窯の一形式。五世紀に朝鮮半島から須恵《すえ》器《き》の技術と共に導入された。「一番原始的な味が出て、自分の狙いにピッタリ」と穴窯を好む。入り口近くに大きいものを置く場合、灰はよくかぶるけれど、上下の温度差によって形がつぶれてしまう失敗がある。「一個作るのに一日掛かりでしょ、そりゃもうがっかり」と言いながらも、常に新たな挑戦に闘志を燃やす。

　これまで伝統工芸新作展、日本伝統工芸展、日本陶芸展などに入選してきた。「焼締めは炎まかせと言われるが、土と炎がこれほど大胆に力強く表現されるのはないんじゃないかなぁ。最近意識的にやっているんですが、ボーッと虹色っぽい陶肌に仕上げる、この発見が楽しい」と目を輝かせる。土間にズラーッと並べられた大型の作品群が壮観である。「いずれ四人の子供のだれか一人くらいは継いでほしいんですが…」と最後は父親の表情に返った。

本間　勲

何代窯《なんだいがま》

佐渡観光がジリジリと下降線を描いて止まることを知らない。本間勲さんは「景気の悪さや観光客の落ち込みをいくら嘆いていても状況は好転しない」と自身に言い聞かす。

何年か前に新潟市黒埼の新潟ふるさと村で佐渡島内の二十五の窯元が参加して「佐渡が島やきもの祭り」が開かれたことがあった。島を代表する無名異焼。その土を穴窯で焼成して「焼締め」の作品を制作している人、安定した発色が難しい「釉裏紅《ゆうりこう》」を手掛け続ける人、話題のトキを絵付けする人など各々の窯元がデザインや細工に工夫を凝らしてなかなかの人気を呼んだ。

仕掛けたのが勲さんたちである。その時「私は自己責任において参加すること、採算は二の次にしてでも皆で取り組むことの大切さを感じていた」と語っていたのが印象的だった。長い間、人気おみやげ品のトップを占めていた無名異のやきものの落ち込みはひどい。人一倍島を愛する勲さん故の思いがヒシヒシと伝わってきた。

仕事場は竹工芸家の本間一秋さんや息子・秀昭さんたち一族が制作活動を続ける本間工房の中にある。六千六百平方メートルの広い敷地。

春先に訪れると何百本もの真竹が庭にさらされていて、一枚の絵に出合える。武蔵野美術短大でクラフトデザインを学んだ勲さんは「自分のクラフトの勉強は北欧から習ったものだったので、逆に最も日本らしさを探ってみよう」と学生時代に各地を回っていた頃、共鳴した兵庫・丹波立杭焼窯元の市野丹窓氏に弟子入りした。

〒952-0206 佐渡市畑野908-2
☎0259（66）3105

飯碗（径12cm）

「半農半陶。農業をしながら陶器を作っている土地柄で、先生は自然の中に人間がいるんだ、土を扱うのも、その一環なんだという考え方が基底にあって、農作業をやってこそ学びとれるものがあると厳しく言われました」

　四年間いて、島に戻ってきたのが一九七三年。地名をとって何代窯と名付けた登り窯を築窯した。最初いい土に出合わなくて、信楽《しがらき》から取り寄せていたが、「個性を出したいと土探し。あちこち求めた末にドンデン山の麓《ふもと》の土が気に入って…」と満足そう。

　当然、土作りから手掛ける。原土を細かく砕き、砂やゴミを取るための水簸《すいひ》にかける。粘土分を沈殿させ、手で練って、あのしんなりとした何とも滑らかで粘り気のある陶土に仕上げるわけ。

　「使っている土は黄鉄鉱が多量に含まれていて、茶色の斑点《はんてん》が噴き出してくるため、その除去対策の意味でも灰釉が必要で」と、おけさ柿や竹、キウイフルーツの剪《せん》定《てい》後の枝をもらってきて釉薬《ゆうやく》を作るところがいかにも佐渡らしい。

　「自分の思いを形に」とオブジェを手掛ける。第一回国際陶磁器展美濃86に入選した陶板「跡」は、赤いベンガラを入れた丸平板の素地の中央部分を若干浮き上げ、緩やかな凹凸を付けて、そこに微妙なカーブを浅く切り込んで仕上げたもの。切り込み跡に白い御影石を点在させるなどの手の込みよう。

　時には薪《まき》でたたいたり、竹とドッキングさせたりしながら自己表現への積極的な姿勢は崩さない。最近は「必需品である食器にもっとこだわりたい」と公募展にエネルギーを割くことをやめ、「厳しい時代の中で足腰を鍛えていかなければ」と結んだ。

細野 利夫

玉堂窯《ぎょくどうかま》

粋人は茶室という小さな場の大きな世界が好き。歴史をひもとくまでもなく、茶室を舞台に生み出された数々のドラマ。シュンシュンと湯のたぎる音だけが耳を打つ茶室で、人は物語の主人公になるのかもしれない。湯が注がれた茶が鮮やかな色に泡立つ茶碗《わん》。居住まいを正し、心静かに唇《くちびる》にあてる時、しばし至福の時間が止まったかのように過ぎる。それ故に陶芸家たちは茶碗一つに精魂を傾ける。

細野利夫さんの仕事場は旧畑野町栗野江、遠く真野湾が望める小佐渡山脈の山すそにある。父親の繁男さんが始めた無名異・玉堂窯の窯元では古くから瓦《かわら》や日用雑器を作っており、そこで生まれ育った利夫さんは佐渡高校を出て上京、大学で経済学を専攻したものの「長男だし…」と軌道修正し、名古屋工業技術試験場へ。指導してくれた森田四郎技官に紹介されて常滑の窯元を訪れたのはその後。佐渡には一九八〇年に戻った。

玉堂窯は広い。三千三百平方《メートル》はある敷地に電気窯七基、薪《まき》窯三基、ガス、灯油窯は一基ずつ備えられていて、いろんなやきもの作りに対応できるようになっている。ここでは土作りから始まる。

地元、野坂の土を運んできて水簸《すいひ》にし、ポンプアップし、フィルタープレスにかけ、ドリン機で練り上げると、土は見事にきめ細かな肌合いを見せてくれる。面白いのは器の陶肌を磨く百個近くある回転バレル。チプトンと呼ぶ小石を入れグルグル回転させる。ほどなく鮮やかな光沢をみせた茶碗に仕上がる。

〒952-1325 佐渡市窪田122-1
☎0259(66)2404

焼締花瓶（径30cm、高さ26cm）

利夫さんが手掛けるものは抹茶碗、花器、酒器とさまざま。「中国の油滴が好きで、いつだったか徳川美術館で曜変天目を見た時、そこからなぜか動けなかった」と出合いの感動を語る。曜変天目は宋時代、中国福建省の建窯で焼成された漆黒の釉薬《ゆうやく》の内面に斑紋《はんもん》が浮かび上がる天目茶碗中の最佳器とその名が高い。戦国時代の小説の小道具によく登場する天目茶碗は、文化を多方面からリードした茶の湯の道にあって、スター的存在で、織田信長などは相手の持っている天目欲しさに戦を仕掛けたといわれる「それほどのもの」だったのである。

これまで青磁や辰砂《しんしゃ》なども試み、最近は鈞《きん》窯とか、木葉天目も手掛けているという。「椿や藁《わら》を燃やして作る自然灰に、身近にある石を砕いて釉薬に取り込むと自分なりのモノに仕上がって面白いんです。藁灰にしても田んぼの場所によって出来上がった灰に違いが出てきます。試験的にうまくいったからといっても、いざ創作ベースにのせる段階で量的に一苦労する。自然相手では予期しないものが生まれることも多く、難しい故に素晴らしい」と感嘆する。

利夫さんは無名異の〝赤〟にこだわる。「幼い頃から赤一色しか見てこないので、それだけでは物足りず、赤を生かしながら部分的に色を足してきた。赤から離れたい気がするが、離れられなくてイライラすることもあって…」とじだんだ踏むものの、このところ島を離れて、デパート巡りしながら展示販売に忙しい日々の中、やはり赤に思いをはせるのは島の人だからといえよう。旧佐和田町にある玉堂窯元の実演工房には年々体験学習に訪れる修学旅行生たちが増えており、元気な声を弾ませている。

伊藤 赤水

赤水窯《せきすいがま》

「ものを作り出すのは、その人間の全人格、人間そのものですから私自身は何ら変わりません。ただ創造への姿勢は目線を今まで以上に高くしてやっていかなくてはと思っていますから、変わらざるを得ないとも言えます」。重要無形文化財保持者（人間国宝）に認定された直後のインタビューで伊藤赤水さんは「私を育ててくれたのは無名異の土」と言い切る。「この土にこだわるのは江戸天保年間から続く窯元に生まれた宿命みたいなものがありますし、佐渡でやきものを手がけていく上で無名異の土とは離れられない天命を感じます」と端正に応じた。

赤水さんの工房の脇を、昔、鉱山の地下水が噴き出て赤く染めたという赤川が歴史の面影をにじますかのように流れる。「赤水」の雅号はこの川に由来する。

赤水窯は一八三〇年頃、初代赤水が無名異焼を始め、現在は五代目。本名は窯一。「親父が四十四歳で死んだので」と京都工芸繊維大学窯業科を卒業すると同時に帰郷した。

大勢の職人を使っての「商売だけの生活に飽き足らなくなって」と公募展への出品が始まった。日本伝統工芸展には一九七二年以来入選が続き、日本陶芸展も七三年以来入選。その後、伝統工芸新作展と日本伝統工芸展で奨励賞、日本陶芸展で最優秀作品賞・秩父宮賜杯、日本陶磁協会賞、日本伝統工芸展高松宮記念賞などを受賞、そして二〇〇三年には人間国宝に認定されるなど華やか。

また日華陶芸展（台湾）、米国ワシントンの国立スミソニアン博物

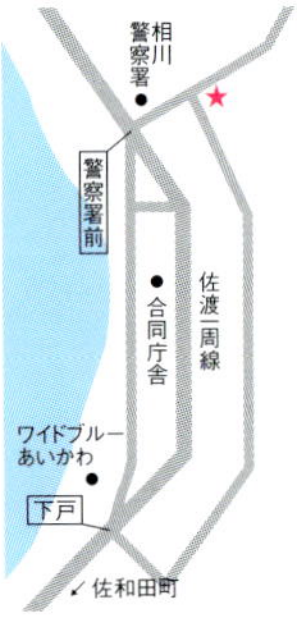

〒952-1557 佐渡市相川一町目1
☎0259（74）2127

無名異練上花紋壷（径34.5cm、高さ31cm）

館と英国国立ビクトリア・アンド・アルバート美術館の日本現代陶芸展、第七回アジア芸術祭（香港）など各国から招待されて出品。米国バーク・コレクション、文化庁、東京国立近代美術館、県庁、県立近代美術館などに作品が収蔵されている。県が雅子さまの御成婚祝いとして小和田家に贈ったことでも話題をさらった。

赤水さんがこだわる無名異の土は鉱山でとれる酸化鉄を多く含んだ泥土のために収縮率が大きく、焼成温度に敏感で、一筋縄にいかないのが特徴。「佐渡に住んでいても、優れたものを生み出せば、それがグローバルなものに通じるはず」と日本文化の東京一極集中の潮流の中で、佐渡にどっしりと腰を据え、創作活動に余念が無い。

よくいわれる地方にいるためのハンディを常に創作へのバネやエネルギーに変えているところはさすが。

赤水さんの作風は「窯変」と「練上」に特徴をもつ。中国の明時代、宜興窯に朱泥はあったものの、自らの表現として「土に衣を着せない」方法を探り求めた一つが窯変である。「いかに赤を魅力的に見せるか、が勝負。無名異に含まれる鉄が炎に敏感に反応して黒や灰色、黄色などに多様に変化するその色合いの変化を、いかに自分の表現に取り込めるか、で決まります」とさりげなく言う。土と炎の織り成す競演が、何ともいえない妙味を醸し出す。

練上は色調を朱色の濃淡に限定し、色の異なる土を何層も重ねてパーツを作り、それを型を使って組み合わせ、鮮麗な一つの作品に仕上げる。時には土を組み重ねたところから外れるトラブルもあって、二十日から一カ月はかかる根気のいる仕事でもある。

岩崎 徳平

上野窯《うわのがま》

世界文化遺産の法隆寺の修理などに尽くした宮大工棟梁で文化功労者だった故・西岡常一さんから話を聞いたことがある。「木は人間と同じ。一本ずつがすべて違い、それぞれの木の癖を見抜いた使い方をしないと建物は生きない」「樹齢千年の桧《ひのき》なら、千年以上もつ建造物ができる」。〝最後の宮大工〟と呼ばれ、さまざまな分野で職人が消えていくことを嘆いた人である。「職人は短時間では育たないのに、大量生産で育てようとしている」と疑問符を投げかけた。事実、規格と均一の世界からは絶対に文化は生まれないはずである。

岩崎徳平さんは大量生産に背を向け、自然から手に入れた素材で美しく豊かな造形を目指す人である。多分に割の合わない生き方でも自分ひとりの技術と感性を信じて選択することに躊躇《ちゅうちょ》しない。風の音、波の響き、自然が美しい分だけ便が悪い稲鯨に生まれた徳平さん。一時、といっても五年の間、奥さんの看病で創作活動を休んでいたが、最近、自宅から二百㍍佐和田寄りに新たな仕事場を設けた。「充電期間だと思っていましたから、今その分、ものすごく作陶することに心がかき立てられるんです」と近況を語る。

徳平さんは相川高校を卒業後、静岡県浜松飛行場の試験室で土質検査をやっていた。「土に興味があって新聞に投稿していたら、瀬戸（愛知県）出身の記者と親しくなり、行き来しているうちに自分のやりたいことが何なのかがハッキリしてきた」と、やきものにのめり込むきっかけをひもとく。

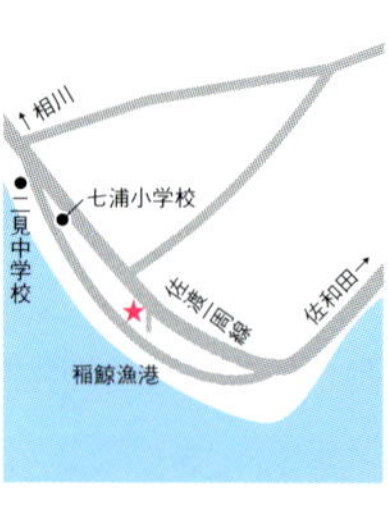

〒952-1643 佐渡市稲鯨上野
☎0259(76)2833

霧の湖心（長さ96cm、奥行き17cm、高さ38cm）

瀬戸の二和製陶所に転職。「輸出向け磁器のサンプルを手掛けているうちに、だんだんやきものの面白さが分かってきた」。一九六〇年に島にUターン。自宅の地番をとって上野窯と名付けた。「鉱山の土は鉄分が多いので、釉薬《ゆうやく》を掛けると鉄の影響が出て、思うように仕上がらない。たまたま地元に須恵器《すえき》の窯跡に使える地層があったんです」と目を細める。

これまでの徳平さんの作品作りは発泡スチロールを使う鋳型彫刻的造形方法をとってきた。まず発泡スチロールでエスキート（模型）を作り、板土をかぶせて、よくたたき、底から中身を抜く。「案外これが、よく抜けない。新聞紙を巻いたり、ハトロン紙を使ったり…試行錯誤を繰り返して」と。最近は内側を見せる作品も多いので、ラップを使って、仕上げの美しさを狙っているという。

作品のイメージは「例えば小説に感動した時、その著者の意図をやきものに置き換えるとどうなのか、といったところから始まります」と説く。例えば吉村昭の「破船」をテーマにした作品は、赤土を使った焼締めで「心にトゲが刺さったように、村が消える物語」を、異なる土を象嵌《ぞうがん》して民家の影を象徴的に描き出した日展入選の意欲作だ。

話は脱線するが、徳平さんは蕎《そ》麦《ば》屋「徳平」のご主人でもある。好みだが、私は彼の二八の蕎麦を県内のベスト5に入る美味《うま》さだと吹聴してきた。「もちろんダシも大事だし、箸《はし》休めの脇役にも心配りしなくてはいけないけれど、何と言っても蕎麦粉で、採れたて、挽《ひ》きたて、打ち立てが」とうなずく。味を逃がさない。やきものも同じで、そうした気持ちを隠し味にしているからこそ、いいのだ、と思う。

長浜 数右エ門

長浜数右エ門さんから贈られた一冊の本がある。数右エ門作品集出版委員会が一九九八年に出した一千部限定の豪華本である。五〇年代から今に至る釉裏紅《ゆうりこう》、青花釉裏紅をはじめ、青磁、辰砂《しんしゃ》釉などの代表的作品百二十六点が一堂に収録されていて、各々のページの作品群から熱波といったらいいんだろうか、とにかく圧倒される。

数右エ門さんは戦争のさなか「ヤマ（鉱山）へ入っていた親父《おやじ》の『帰って来い』の一声で」東京からUターン。帰郷後、新潟陶苑の宮之原謙氏に師事した。陶苑には鋳金家で人間国宝の佐々木象堂氏も講師でいて、交流を深めた。

終戦の年、新潟陶苑の解散を機に相川に戻り、登り窯を築いた。「薪窯は電気やガス窯に比べて、炎の当たり方が非常に柔らかい。ありとあらゆる事を試みましたね」と。

初め、鉄釉を使った。乳白釉も取り入れた。若い頃に朝鮮ゆかりの三島唐津に目を向け、唐津風のやきものばかり作っていたことがある。派手さを消した渋い唐津焼だが、数右エ門窯の佐渡唐津は本家の素朴さの中に萩焼にも似た柔らかさを醸し出す。あの深みの発色ある辰砂をはじめ、青磁に手を染めたのはその後である。

釉裏紅に出合ったのは東京上野の展覧会で。そこに出品されていた中国・元時代の「釉裏紅花卉文大壺《つぼ》」の前で足が動かなくなった。もともと中国陶磁が好きだった。釉裏紅は白い素地に酸化銅で紋様を描き、その上から透明の長石釉を掛けて高温の還元焔で焼成することによって特有の深紅色を発色

〒952-1524 佐渡市相川大工町
☎0259（74）2464

釉裏紅花唐草文　大皿（径41cm）

させる。炭素の多い状態にした炎で焼くため、表面に淡い乳色をコーティングしたような独特の紅を現す。「元の頃の中国では一般に磁器だが、私は柔らかさを出すために陶器で手がける。土は鉱山の坑内から出てきた土を研究したり、二見の曼荼羅《まんだら》寺の土を単味で使ったり、信楽《しがらき》や瀬戸の土を混ぜたり…年々掘り尽くされてきて、いい土が少なくなってきています」と苦労をしのばせ、「窯を焚《た》くのにはピカピカの艶《つや》のある赤松が最高だけれど、島の松は松くい虫でほぼ全滅に近いのが心配なんです」と心を砕く。

　数右エ門さんの仕事場がある大工町は相川で一番奥の町になった。「かつて鉱山町の主役だったのに」と懐かしむ人は多い。この地に立ち、鉱山で働く大勢の人たちが、どんな思いを抱いて歩いたかを巡らす時、しばし〈時〉を忘れてしまうのは私だけではあるまい。歴史を刻む細い道沿いに、白壁とヒバ柱を組み合わせたシャレた展示館がある。「気軽に立ち寄ってもらえれば」と、創造空間で和む数右エ門さんの表情は優しい。

　長年、お付き合いしてきた作家、津村節子さんは「野武士のような風貌《ふうぼう》に似合わず、作風は静謐《せいひつ》でみずみずしく美しい…肉体も精神も老いることを知らぬようだ」と一文を寄せている。数右エ門さんは自らの生き方を「日本人はすぐ、わび、さびなどと言う。作陶家も味などと言って、成り行きに委《ゆだ》ねるところが多いが、私は職人だからギリギリのところまで追及したい。釉裏紅は未完成の美に委ねるわけにはいかない。常に完成度の高い自分のモノを試みたいんです」と、〝数右エ門の世界〟への追求は止まることを知らない。気骨の人である。

根本 良平

良平窯《りょうへいがま》

佐渡の無名異焼は使い込むほどにしっとりとした陶肌になり、手にすっぽりとなじんでくる。「使い始めて色が変わってきたな、というのがワビ。それを通り越して磨きに磨いたのがサビ。そんな〈味〉がたまらなくいとおしい」と語ってくれたのは相川で長年、無名異を作り続けて亡くなった清水文平さん。「昔からの仲間がだんだん少なくなる」と寂しがるのは、一緒に観光用に造られた金山焼で仕事をしていた根本良平さんである。

　ぶらり仕事場を訪れると、作り手が何を見つめ、どんな物思いにふけり、汗したか、その素顔の場に出会え、もしかしたら創《つく》る心根のカギを知ることができるのでは、と期待が膨らんで思わず楽しくなる。良平さんは最近、家を建て直したが、仕事場は築百五十年を経た昔ながらのまま。粘土の塊、釉《ゆう》薬《やく》の材料、作りかけの素焼きの茶碗《わん》などで足の踏み場のないほどで、まさにモノを創る闘いの場だ。

　職人気質をにじませ、頭に巻き付けた手ぬぐいがよく似合う良平さん。終戦直後「親父《おやじ》が三代続いた大工だったが背丈が低かったので」断念。金山焼へ入ったのが、この道へのきっかけ。七年半、赤焼き専門に取り組んだ後、三浦小平氏から声が掛かって小平窯へ。ここでも七年余いて、「二代目三浦常山良平の名を頂いて」良平窯を開窯。畑の中に築いた登り窯である。

　当初「生活があるから」と観光客用の湯飲みや急須《きゅうす》などを作った。佐渡金山から産出する第二酸

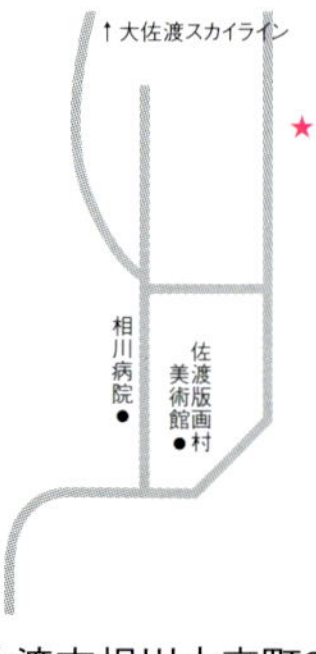

〒952-1535 佐渡市相川中京町20
☎0259(74)2690

化鉄を使用した朱泥焼が無名異焼である。ちなみに無名異という言葉は中国の漢方薬の名前からきたとされるが、この赤土を鉱山から最初に掘り出したのは奈良飛鳥近くから来た古川平助という侍の子孫で、最初は止血剤などに使っていたが、やがてやきものの原料として無名異が生まれた歴史をもつ。

灰釉耳付花器（径25cm、高さ30cm）

良平さんが「へつらない」、つまりきれいに注がれると評判をとったのは急須である。

「私の急須は持ち手を軸にして立てるとキチッと逆立ちするところがミソ。バランスの良い証拠で使い易さの元なんです」と説く。民芸運動の提唱者・柳宗悦は「民芸とは何か」の中で、「用が工芸の要であって、最もよく使われるものこそ正しい工芸の姿が現れる」と書いている。素直で健やかな美しさがそこにあるというわけ。

　でも良平さんは生活のためだけの制作に飽き足らず、自分の思いを作品に仕上げようと一九六九年から県展にトライし始めた。奨励賞を三回受賞。その一つ「実」では口のすぼまった壺《つぼ》を轆轤《ろくろ》仕上げして、そーっとつぶす扁壷《へんこ》を、「刻」ではナポレオンの帽子を逆さにしたのを櫛の目で削って灰釉を掛けた。「かさなるフォルム」では一冊の本でありながら、それ自体を崩し、具象でありながら抽象的に表現。それも轆轤で挽いた上で、片面の一方を切り取って見せる手法を駆使。日本現代工芸展現代工芸賞受賞作では、一重だけれども二重に見える水盤を作り、表面をプツプツと黄砂をまいたような妙味ある表現方法で斬新《ざんしん》さを示した。

　良平さんが四十八歳の時、奥さんを亡くした。「人の出会いで多くの励みを頂きました」。折り目正しく語る良平さん。「人生の流れに逆らわず生きていますので」と苦労をさりげなく生き方の中で隠した。

永柳修一

永柳陶房《ながやなぎとうぼう》

北前船の影響なんだろうか、ちょっと京都人に似ていて違う、佐渡人気質というのがある。それは〝よそ者〟になかなか気を許さない半面、ここ一番という時にスポッと包んでくれる優しい風土である。そんな島だからこそ人はきっかけがあれば終《つい》の棲家《すみか》を求めてやってくる。愛知県常滑市出身の永柳修一さんもその一人。祖父が初代山田常山の弟子で彼自身、製陶業の家に生まれ育った。しかし「末っ子だから、手を染めるな」と言われ続け、結局専修大を卒業後、洋陶器の「ナルミ」に就職。もっぱらセールスを手掛けてきた。

何しろ子供の頃から、轆轤《ろくろ》職人のそばでその手さばきの妙味を見続けており、「いつか自分も」という思いを胸にしまい込んでいた。たまたま東京・池袋西武の食器売り場に勤めていたのが佐渡市畑野出身の彼の奥さん。二十五歳で結婚。その直後、愛知県窯業職業訓練校に入り、一年間学んだ。

奥さんの実家がある佐渡に渡ったのが一九八一年。まず北沢窯で陶芸家・清水文平氏に師事した。この窯は地場産業育成のため、県の助成で七四年に金山選鉱場跡地に造られ、相川無名異焼協同組合が実演販売、実習体験、各種イベントをやりながら、無名異の普及に努めようと発足したもの。

十年間いた後半は観光客に轆轤指導する技能伝承展示館の陶芸指導員を務めた。「佐渡観光華やかなりし頃でした。一シーズンで二千人くらい教えたかな。中には修学旅行で県外の養護学校からも大勢来た。作る喜びを味わった重度

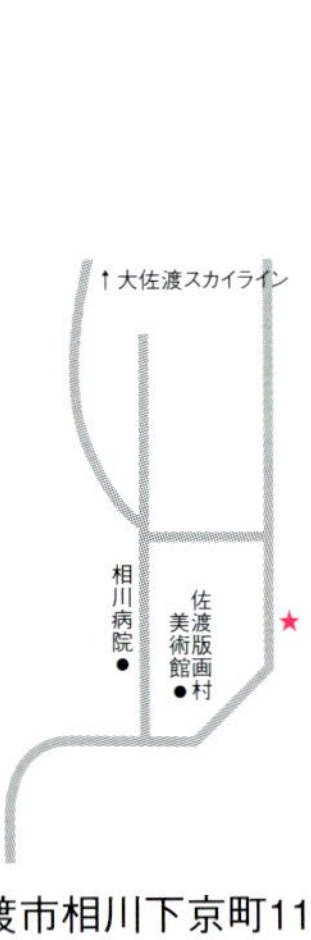

〒952-1536 佐渡市相川下京町11-1
☎0259(74)3804

障害の子供たちから『楽しかった』と礼状が届いて…」とうれしそう。九一年の独立開窯後も社会復帰のリハビリをする知的障害者に〝やきものボランティア〟を続けてきたし、自らの陶芸教室「陶遊会」での指導にも余念がない。

修一さんは無名異の赤土にこだわる。「今まで通りの真っ赤ではつまらないので」と始めたのが練り込み。二百年前の江戸時代からある技法だが、轆轤盤に載せる前の土の段階で色違いの紋様を想定して仕込むところがミソ。轆轤の勢いで波紋の太さ、細かさなどがいろいろ変わってくるところが面白い。

無名異練込壺（径27cm、高さ29.5cm）

「無名異の土に練り込むため、収縮率の変化がより複雑になって、どこにどう変化が出てくるか、なかなか読みづらい。無名異にマンガンを混ぜて、黒にしようと思っても、それ自体、粘りがないので膨れて、失敗する。地元の野坂の粘土を入れて、どうバランスをとるか、結局は土作りが隠し味なんです」と手にした土を慈しむ。毎年テーマを決めて練り込む。新しい目標は「黒から赤へのグラデーション」。下部分の黒から無名異の赤へ。そして薄い朱色へと変わり、最終的には七色の味を出す。

「やきものは用と美の工芸品としての高みがあれば絵や彫刻などと違って純粋芸術品でなくてもいいと思っています」と修一さん。最初構えた相川羽田村の仕事場から下京町の民家に移り住み、毎週木曜日はやきもの好きの人たちに開放、笑い声を弾ませている。第三十七、三十八回伝統工芸新作展に入選し、県が「新潟の伝統工芸をまとめてドイツのフランクフルトへ紹介しよう」と企画した「新潟百年物語」の佐渡の幹事役も引き受けて大張り切りだ。

三浦 小平二

小平窯《こへいがま》

人間国宝の認定を受けた直後、三浦小平二さんに作陶生活のモットーを聞いたことがある。「長年、私は古典を学び、自然を学び、民族の歴史を学び、独自の作風を確立するための取材や材質の研究を重ねてきた。簡単に言えば『よく見て、大きく、ごしごし』ですよ」と言って笑った。これは「集中すること」「小さなこだわりを捨てて全体を大きく見ること」「体を使って努力すること」だという。

小平二さんは佐渡無名異焼窯元三代目・三浦常山が祖父で、四代目・小平の長男に生まれた。東京芸大彫刻科を卒業。「普遍的、科学的な技術を身に付けようと京都の日陶産業に丁稚《でっち》入りしたんですよ」と語る。その後、多治見陶磁器試験所に研究生として学び、芸大に戻って、最後は名誉教授になった。芸大陶芸科創設者の一人で、現在は栃木県の文星芸術大教授である。

「旅はロマンである」と小平二さん。「私にとって創作の原点は旅です。さまざまな風景の中で、人々が織りなす喜びや哀しみのドラマを訪ねることによって、さらなる可能性に挑んできたんです」と熱い。

旅の大きな収穫の第一は一九七二年に台北の故宮博物院を訪れた際、官窯青磁の代表作・輪花の鉢との運命的な出合いに始まる。担当官が器を裏返して地肌を見せてくれた時、「その土を見た途端、体がガタガタ震え出した。故郷の赤土と同じだったんです」。以来、佐渡の朱泥に灰釉《ゆう》をかけ、独自の青磁を開拓してきた。

長年、小平二さんは南宋官窯の

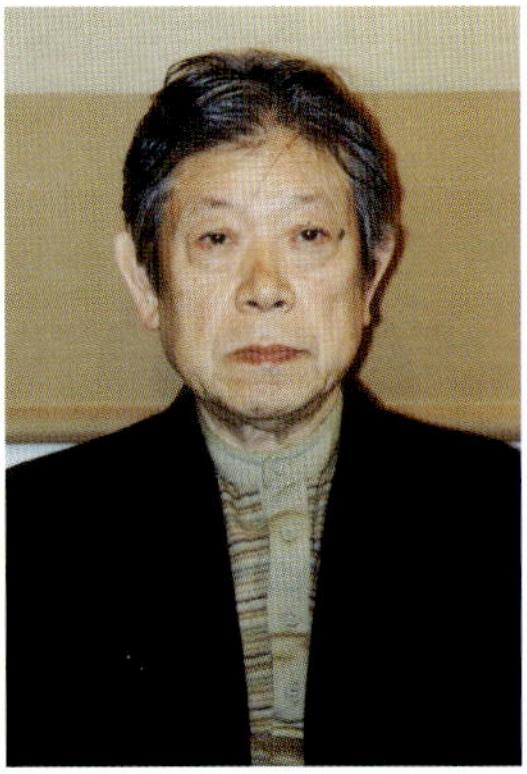

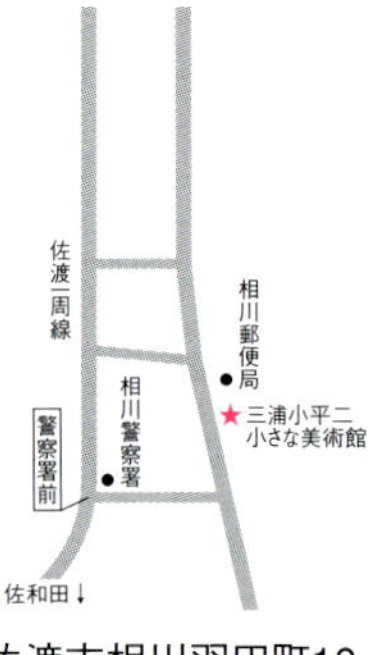

〒952-1548 佐渡市相川羽田町10
☎0259(74)2064

青磁が理想とした最高の釉色「天青」の再現を目指し、気品と存在感あふれる青磁の創作に取り組んできた。始皇帝陵から発掘された銅馬車の造形の素晴らしさに驚嘆し、眼差《まなざ》しはいっそう日本の外に向かった。旅の大きな収穫の第二は七六年のアフガニスタンでのひらめきである。ヒンドゥー・クシ山脈からの伏流水が砂漠の中に忽《こつ》然《ぜん》と湧き出るバンディ・アミール湖の神秘的な湖水を見たとき、「これだ！」と心の底から叫んだ。湖水を青磁になぞらえ、ラクダや土地の少女を描いてみようと思い立ったからだ。これが豆彩である。「青磁に色絵を施す仕事は邪道といわれていたんですが…」と言いながらも彼の絵画力が奏功し、オリジナリティーあふれる三浦青磁を完成させたのである。

青磁花瓶「光明」（径23cm、高さ27cm）

　この、器肌に限りない澄明の光をたたえる三浦青磁をパリの個展の時、欧州における東洋美術研究の中心となっているギメー美術館のジャン・ジャリージ館長は「単に古い青磁の技法の伝承ではなく、独自の創造的な手法を取り入れることによって青磁に新しい命を注ぎ込んだ」と評した。もちろん若い頃の作品にも才気は走る。轆轤《ろくろ》目を残した李朝風の磁肌に一気にホロホロ鳥を描いた辰砂《しんしゃ》花瓶などは濱田庄司さんが絶賛している。

　小平二さんは第十回現代日本陶芸展で朝日新聞社賞、第二十三回日本伝統工芸展で文部大臣賞、第七回MOA岡田茂吉賞大賞などを受賞。紫綬褒章受章。九七年に重要無形文化財「青磁」の保持者（人間国宝）に認定されるなど、枚挙にいとまなく、彼の作品はビクトリア王宮博物館、スミソニアン国立博物館、国立ギメ美術館、東京国立近代美術館などに買い上げられている。

一人ひとりに恋をして

元総理の細川護熙さんの仕事場を訪れたのは、若くして国会議員から知事、総理と一気に政治の階段を上り詰めた細川さんが、永田町を去って神奈川県湯河原町の自邸「不東庵」で晴耕〝雨陶〟の生活に入って六年目の年だった。奈良の陶芸家・辻村史郎さんに指導を受けた細川さんは独り立ちしていて、ちょうど東大教授で建築家の藤森照信さんの設計した茶室「一夜亭」が話題を呼んでいた。九本の杭《くい》で支えた斜面に建つ高床式、トンガリ屋根の異色の茶室を見やりながら、細川さんは作陶に汗していた。「ただひたすらに土や火と素心で向き合っていると、自然と心が解き放たれてくるのが感じられる。轆轤《ろくろ》を回し、手を合わせて作っていると、祈りのような感じもする」と、おっしゃったのが印象的だった。

陶芸には土味の温かさに触れるせいか、だれしもが心癒《いや》されるものがあるという。私の実家が古くからの旅館だったせいか、幼き頃から意識しないで随分とやきものには親しんできた。古九谷の色絵や唐津、織部など、食の盛りつけに対して器をとやかくいった子供らしくない？子供だったような気がする。だから私にとって、やきものを見つめる時、母の思い出とオーバーラップする。年中、体を動かしていた働き者の母が、皿や茶碗《わん》などの洗い物をするときだけは、とてもゆっくりと丁寧に時間をかけた。温水器などない時代である。「だめよ、乱暴に扱っちゃ」と言いながら、真冬の凍える水に素手を突っ込んでいた。

それでも誰か彼かが壊した。壊れた皿が直しに出され、漆で接着し、金粉を蒔いて新たな景色に仕上げた、いわば金継ぎされた皿が帰ってきた。「これでお皿も生きるわね」と言いながら、母の目元が優しくほころんだ。そんな皿の何枚かが母の形見として残っている。

「新潟のやきもの」を初めて世に問うたのは八年前である。今回、全面改訂を出すにあたって、登場者全員に再取材した。この歳月の中で私の大好きだった伊藤哲滋さんと清水文平さんが亡くなった。さらに出版直前になって、「本の完成を楽しみにしている」とおっしゃっていた川島隆之さんが逝った。闘病生活の励みになればと思っていただけにたまらなく寂しい。が、うれしいことも多かった。三浦小平二さんと伊藤赤水さんのお二人が人間国宝に認定されたことである。私が取材を始めた三十年前ころは、県内では無名異の佐渡、庵地焼の安田…と指を少し折るだけで終わってしまっていた窯場も今ではすっかりその数を増した。創作の場として本来、向かないはずの長い冬の雪深い土地にも、自ら求めて陶芸家たちが県内各地に散らばって、それぞれの地から独自の活動を続けてきている。そこに住むということは、そこから何らかの文化を発信していくことにほかならない。土と炎の芸術に精魂を費やす彼ら。無機質の塊に作家の思いを伝え込む、その熱い思いに心打たれる。作家たちの窯場めぐりの〈旅〉は私の〝恋心〟をくすぐるのかもしれない。

今回、新刊として生まれ変わった「新潟のやきもの」は、ご登場願った陶芸家の皆さんと、新潟日報事業社の五十嵐敏雄さん、鈴木歩さん、カメラの戸嶋寛さん、山本徹さんら大勢の人たちの協力で実ったものである。改めて心よりお礼申し上げたい。

佐藤　和正
（フリージャーナリスト）

新潟のやきもの 改訂版 工房分布図

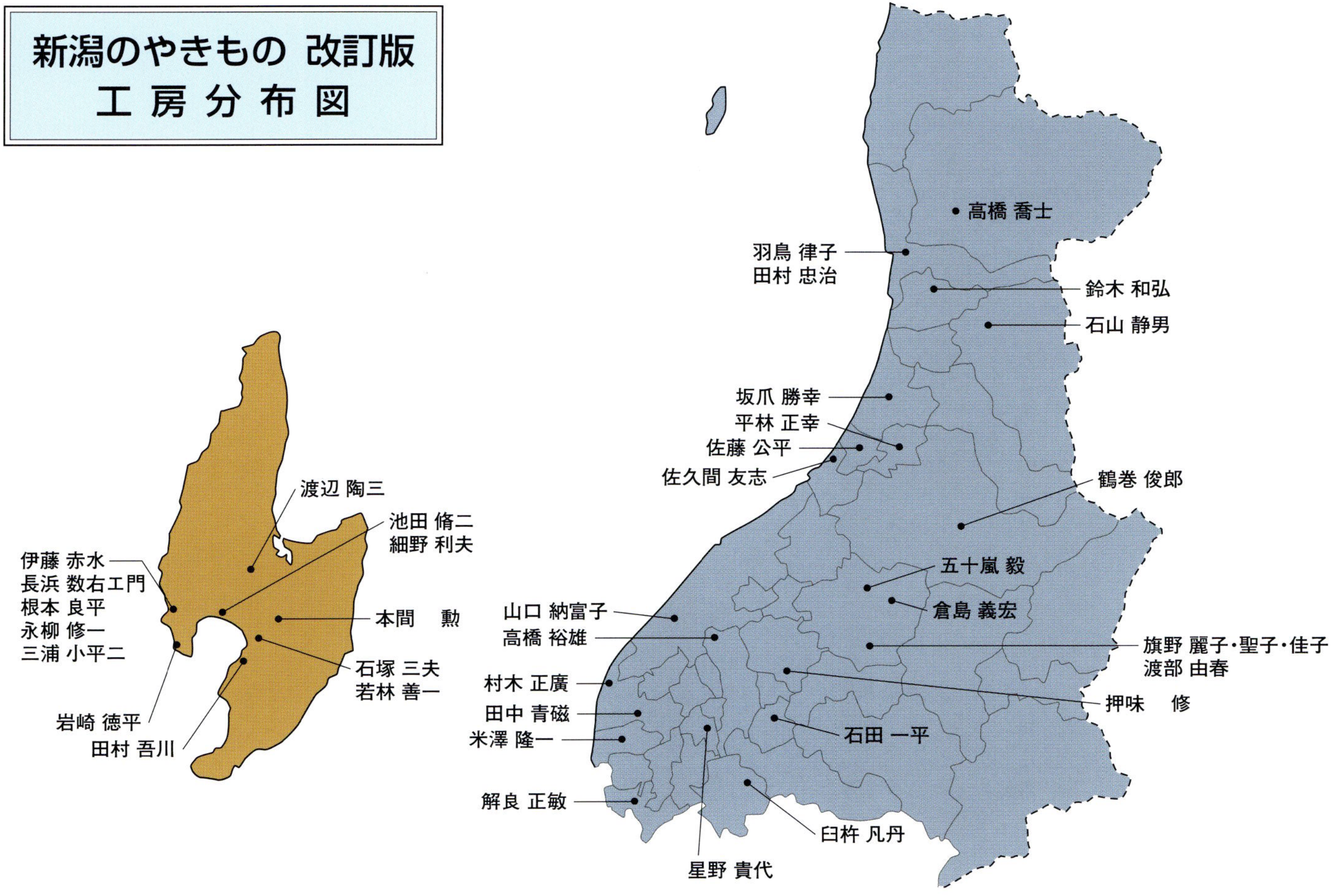

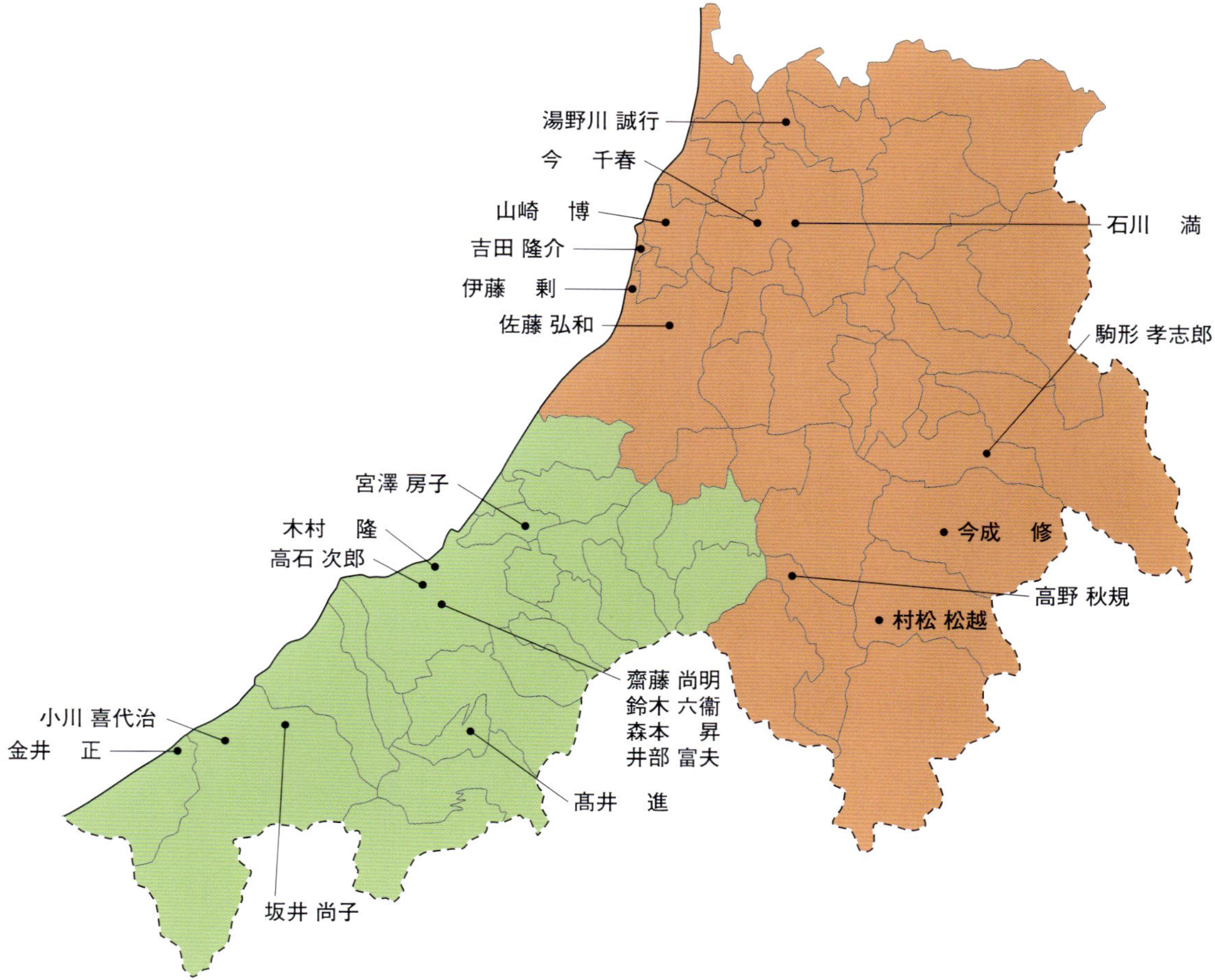
湯野川 誠行
今　千春
山崎　博
吉田 隆介
伊藤　剰
佐藤 弘和
石川　満
駒形 孝志郎
宮澤 房子
木村　隆
高石 次郎
今成　修
高野 秋規
村松 松越
齋藤 尚明
鈴木 六衞
森本　昇
井部 富夫
小川 喜代治
金井　正
髙井　進
坂井 尚子

■撮　影

● 下越・佐渡、表紙

戸嶋　　寛／戸嶋スタジオ（新潟市女池3－48－15）
日本写真家協会会員
日本広告写真家協会会員

● 中越・上越

山本　　徹

取材・撮影にご協力いただきました作家の皆様、および一部写真をご提供くださいました方々に、御礼申し上げます。

改訂版 新潟のやきもの

2004年８月25日　　初版第１刷発行

著　者　佐　藤　和　正
発行者　竹　田　武　英
発行所　新潟日報事業社
〒951－8131
新潟市白山浦2－645－54
ＴＥＬ（025）233－2100
ＦＡＸ（025）230－1833
http://www.nnj-net.co.jp
印　刷　新高速印刷㈱

落丁・乱丁本は送料小社負担にてお取り替えいたします。
定価はカバーに表示してあります。

ISBN4-86132-064-X